Sabine Skopal

HILDE LANGER–RÜHL

Leben und Werk

Sabine Skopal

HILDE LANGER–RÜHL

Leben und Werk

Re Di Roma Verlag

Remscheid

Bibliografische Information der Deutschen Nationalbibliothek:
Die Deutsche Nationalbibliothek verzeichnet diese Publikation in der Deutschen Nationalbibliografie; detaillierte bibliografische Daten sind im Internet über http://dnb.ddb.de abrufbar.

ISBN 978-3-86870-403-7

Herausgeber und Medieninhaber: Universität für Musik und darstellende Kunst Wien, Institut 13 MBM, Wien (2011)

www.rediroma-verlag.de
19,95 Euro (D)

Inhalt

Der dicke Bleistift

Ein persönliches Vorwort

Der dicke Bleistift, mit dem unmissverständlich die Linienführung festgelegt wird, dazu die impulsive Stimme: „Hier kommt der Zwerchfellimpuls!“ - „Hier Spannung durchziehen!“ - „Hier abfedern!“.

Die Noten sind nach der Stunde markiert; jeder Kundige sieht sofort: man war bei der Hilde Langer-Rühl.

Genauso klar kommen die Hinweise zur instrumentalen Spieltechnik, zur Haltung am Instrument, zum Üben, bis hin zum Schlaf und zur Lebensführung als Künstler und Mensch.

Folgerichtig heißt der Lehrgang „Atem-, Stimm- und Bewegungs<u>erziehung</u>“.

Heute sehen sich die meisten Lehrenden – so auch ich – eher als Begleitende, Mentoren denn als Erziehende, Führende. In unserer zunehmend orientierungsloser werdenden Zeit wirkt jedoch die Rückbesinnung auf diese Lehrende der damaligen Hochschule für Musik und Darstellende Kunst Wien sehr befruchtend - eine Lehrende, die stets bedingungs- und kompromisslos, mitunter auch polarisierend, doch stets von einer tiefen Menschlichkeit getragen, bereit war, auf dem Grund eigener Erfahrung und Wissens die Verantwortung für ein klares Führen der ihr anvertrauten Schüler zu übernehmen. Unzähligen Menschen hat sie so wesentliche Hilfe- und Weichenstellungen auf ihrem Weg zum Musiker-Sein beim Unterrichten oder auf dem Podium mitgegeben.

Dies prägt für mich bis zum heutigen Tag die Erinnerung an Hilde Langer-Rühl, neben der Dankbarkeit und der Anerkennung für viele bei ihr erworbene Erkenntnisse, Fertigkeiten und Wissen.

Mag. Sabine Skopal ist es gelungen, Leben und Werk dieser großen Frau facettenreich und vielschichtig darzustellen, hochinteressant für alle an der

Geschichte der Atem- und Bewegungsarbeit in Europa Interessierten, eine Fundgrube und Hilfe zum vertieften Verständnis für ehemalige Studierende.

Ein großes Danke für dieses wertvolle Buch!

Dr. med. Bernhard Riebl

Leiter der Abteilung für Integrative Atem-, Stimm- und Bewegungsschulung am Institut MBM der Universität für Musik und darstellende Kunst, Wien

Leiter der musikermedizinischen Ambulanz und Oberarzt am Institut für Physikalische Medizin und Rehabilitation, KA Rudolfstiftung, Wien

Geleitwort

Sie sitzen im Konzert, lauschen entspannt der Musik und sehen, wie die Musikerin auf der Bühne ganz in ihrem Spiel aufgeht. Sie lebt und atmet die Phrasen, als ob das grelle Scheinwerferlicht und die ihr abverlangten mentalen und körperlichen Höchstleistungen gänzlich an ihr abtropfen würden.

Dabei kann man ganz übersehen, dass vor solch einer gelungenen Darbietung nicht nur die Töne von den Künstlern genauestens erarbeitet werden müssen, sondern auch die Natürlichkeit der Atmung, der Bewegung und der psychischen und mentalen Kräfte, um die notwendige kreative Freiheit für die geforderte Leistung zu erlangen.

Dafür Hilfestellungen zu entwickeln und diese zu lehren war die Lebensaufgabe von Hilde Langer-Rühl, welche als Pianistin mit all diesen Herausforderungen selbst bestens vertraut war. Oftmals ist es ihr und ihrem Unterricht zu verdanken, wenn Sie als Publikum einen Künstler, eine Künstlerin entspannt in der Musik aufgehen sehen können. Irwin Gage, Roman Ortner oder Robert Wolf sind zum Beispiel herausragende studentische Schützlinge ihres strengen, aber positiven Unterrichts.

Hilde Langer-Rühls Erfolg ist also noch heute zu hören, denn sie machte ihr Unterrichtskonzept zur Grundlage eines eigenen Lehrganges an der Musikuniversität in Wien. Wenn auch im Laufe der Jahre die Methoden erweitert und adaptiert wurden, hat sie als Pionierin den Grundstein für den Fachbereich "Atem-, Stimm- und Bewegungsschulung" gelegt.

Die vorliegende Arbeit würdigt ihr Schaffen, das fast immer hinter den Kulissen stattfand. Sabine Skopal ist es nicht nur gelungen, den Werdegang und die persönlichen Aspekte von Langer-Rühl zu dokumentieren. Die Autorin konnte darüber hinaus durch ihre fachliche Expertise auch die heute noch relevanten Aspekte festhalten, so dass Sie als Leser nicht nur informiert werden, sondern auch zum Schüler der Protagonistin werden können.

Dr. Matthias Bertsch

Ao. Univ.-Prof an der Abteilung für Integrative Atem-, Stimm- und Bewegungsschulung am Institut MBM der Universität für Musik und darstellende Kunst, Wien
Präsident der Österreichischen Gesellschaft für Musik und Medizin (Musikermedizin, Musikphysiologie, Musikpsychologie)

DANK UND ANMERKUNGEN

Ich danke allen, die mir mit ihren Erinnerungen und Informationen geholfen haben, Person und Wirken von Hilde Langer–Rühl in möglichst anschaulicher Weise zu beschreiben:

Dietmar Flosdorf, Gottfried Justh, Cornelius Langer, Johann Leutgeb, Franz Muhar, Bernhard Riebl, Christa Schwertsik, Robert Wolf, Dorothea Zwettler.

Besonders dankbar bin ich Cornelius Langer für die Unterstützung beim Erstellen der Biographie seiner Mutter sowie Bernhard Riebl und Matthias Bertsch für die herzliche und kompetente Begleitung meiner Arbeit und die schönen Vorworte.

Danke auch an Angelika Hauser, Vorständin des Instituts für Musik- und Bewegungserziehung sowie Musiktherapie der Universität für Musik und darstellende Kunst Wien, für die Unterstützung bei der Veröffentlichung des Buches.

Anmerkung 1:

Aus Gründen der besseren Lesbarkeit, der Musikalität und des Stils werden im gesamten Text die männlichen Formen „Student, Schüler, Musiker, Lehrer" verwendet. Sinngemäß sind aber in JEDEM Fall ebenso die Studentin, die Schülerin, die Musikerin sowie die Lehrerin gemeint.

Anmerkung 2:

Viele Textstellen bestehen aus wörtlichen oder sinngemäßen Zitaten. Quellenangaben in Fußnoten gelten bis zur vorhergehenden Quellenangabe.

Anmerkung 3:

Beim Erstellen der Biographie und eines Werkeverzeichnisses eines Menschen, der in der Mitte des letzten Jahrhunderts im deutsch-österreichischen Raum beruflich erfolgreich war, stellt sich natürlich automatisch auch die Frage nach seiner politischen Haltung.

Dazu ist für die Autorin Folgendes zu berücksichtigen:

Hilde Langer–Rühl hatte als gebürtige Holländerin über ihre deutschen Eltern und auch durch den Umzug nach Deutschland eine deutsche Erziehung der Vorkriegszeit erhalten. Wenn sie in späteren Jahren den gesunden, aufrechten, tätigen und aktiven Menschen idealisierte, geschah dies in Fortsetzung des tradierten Menschenbildes und Gedankenguts jener Zeit.

Sie nützte die beruflichen Möglichkeiten ihrer Zeit, gab Konzerte und nahm eine Anstellung im Reichsrundfunk für Kinder- und Frauenprogramme an. Diese Umstände lassen den Rückschluss zu, dass Hilde Langer–Rühl keine aktive Dissidentin des damaligen Regimes war.

Im Personalakt Hilde Langer–Rühl im Archiv der Musikuniversität findet sich eine eindeutige Angabe, dass sie nie Mitglied der nationalsozialistischen Partei war. Ebenso erhielt die Autorin von keiner der zu ihrer Biographie befragten Personen Hinweise auf eine Nahebeziehung zur NSDAP[1]. Ihre Persönlichkeit wurde im Gegenteil übereinstimmend als höchst integer beschrieben.

Auch war Hilde Langer–Rühl schon zu Beginn des Dritten Reiches befreundet mit Ernst Krenek, der später aus politischen Gründen in die USA auswandern musste. Eduard Erdmann war ihr großes Vorbild, der dann mit einem Veröffentlichungsverbot als Komponist belegt wurde und als entartet galt.[2],[3]

Zusammenfassend ist zu sagen: der Autorin genügen diese Informationen, um zur Beurteilung zu gelangen, dass auch von diesem Gesichtspunkt aus einer Erstellung einer Biographie Hilde Langer–Rühls nichts entgegenzusetzen ist.

---

[1] Vgl: Personalakt Hilde Langer-Rühl. Archiv der Universität für Musik und darstellende Kunst, Wien
[2] Vgl.: Heinz Thiessen: Eduard Erdmann in seiner Zeit. In: Begegnungen mit Eduard Erdmann. Agora Darmstadt, 1972, S. 50.
[3] Vgl.: Cornelius Langer, Gespräch in Wien vom 18.02.2011

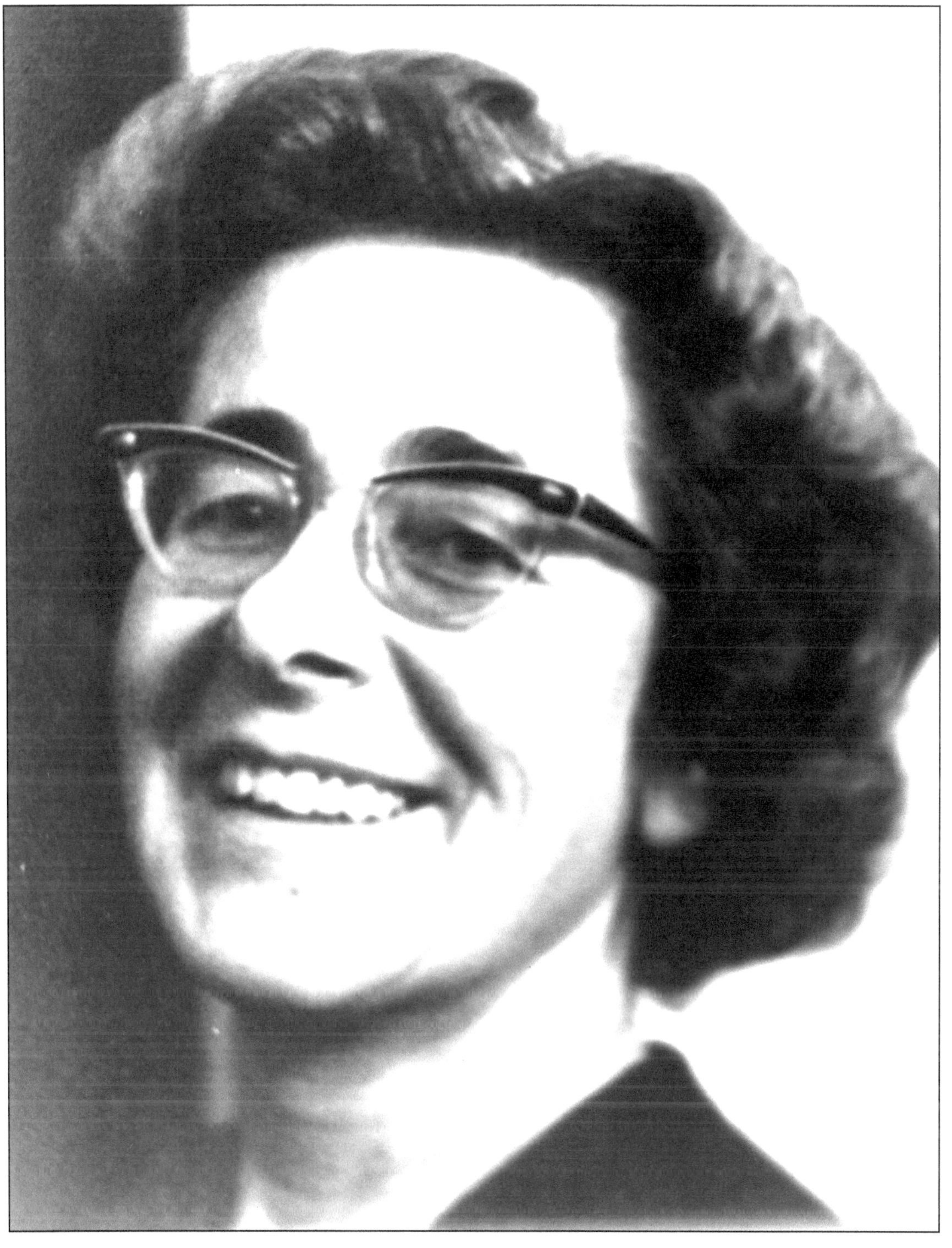

Hilde Langer–Rühl, um 1970

1. Warum dies Buch geschrieben wurde

Als ich ein junges Mädchen war, nahm mich mein damaliger, sehr körperbetont arbeitender Gesangslehrer für ein paar Tage mit nach Wien und verschaffte mir so die Gelegenheit, bei Hilde Langer–Rühl einige Stunden Privatunterricht zu nehmen. Diese Begegnung beeindruckte mich tief und legte den Grundstein für mein Interesse an den Zusammenhängen zwischen Körper, Atem, Stimme und Musik.

Jahre später - Hilde Langer–Rühl war schon verstorben - wurde ich selbst Lehrbeauftragte in dem von ihr ins Leben gerufenen Lehrgang für Atem-, Stimm- und Bewegungserziehung an der damaligen Musikhochschule Wien, und ich freute mich schon sehr darauf, mehr über die Person Hilde Langer–Rühls und den theoretischen Hintergrund ihrer Arbeit zu erfahren. Bisher hatte ich bei ihr und ihren Mitarbeitern vieles gehört, erlebt und gelernt; schriftliche Aufzeichnungen jedoch hatte ich noch keine gesehen. Es stellte sich allerdings sehr bald heraus, dass es nur wenige Veröffentlichungen von und gar keine über Hilde Langer–Rühl gibt: keine Biographie, keine Beschreibung oder gar Analyse ihres Denk- und Arbeitsansatzes. Im Rahmen meiner Magisterprüfung im Fach Musik- und Bewegungserziehung sah ich den willkommenen Anlass, meinen Fragen in dieser Richtung auf den Grund zu gehen. Da nur wenige Unterlagen über Hilde Langer–Rühl zugänglich sind, kam die Recherche allerdings detektivischer Arbeit sehr nahe – einige von ihr selbst verfasste Aufsätze und Artikel bekam ich dankenswerter Weise vom heutigen Lehrgangsleiter Bernhard Riebl zur Verfügung gestellt; die Filme über Atemführung und Zwerchfelldynamik konnte ich auch bekommen. An die anderen Quellen brachte mich das Weiterspinnen gefundener Fäden und Kontakte - manchmal auch einfach der Zufall.

Sieht man unter dem Namen Hilde Langer–Rühl in einer Internet-Suchmaschine[4] nach, so findet man einige Links, die sich auf sie beziehen: viele Pianisten, Sänger und andere Musiker haben vor Jahren bei ihr gelernt und erwähnen dies auch auf ihren Websites oder in ihren Lebensläufen.

---

4 Vgl.: Google, gesucht am 12.Jänner 2005 sowie am 30. Mai 2009.

Demnach war den jeweiligen Autoren ihre Lehrzeit bei Hilde Langer–Rühl wichtig und erwähnenswert. Es wäre aber sicher sinnvoll für alle, die beim Lesen von Biographien im Internet auf diesen Namen treffen, wenn es dann auch die Möglichkeit gäbe, sich über ihre Person oder Methode zu informieren. Wer soll sich sonst unter diesem losgelöst im Raume schwebenden Namen etwas vorstellen können? Daher habe ich mittlerweile einen entsprechenden Artikel bei Wikipedia veröffentlicht, an dem natürlich möglichst viele ergänzend mitwirken sollen[5].

Auch fiel mir auf, dass meine Kollegen und ich im Lehrgang Atem–Stimme–Bewegung nach Hilde Langer–Rühl zusätzliche Übungen, Methoden und Inhalte aus ganz verschiedenen Richtungen der Körperarbeit - wie Feldenkrais, Tuina- Massage, Dispokinesis, Atemarbeit nach Middendorf oder anderes - in ihren jeweiligen Unterricht einbringen. Gemeinsam ist all diesen Wegen das Ziel, Menschen zu besserer physischer, psychischer und mentaler Disposition zu verhelfen, um ihre Möglichkeiten zu erkennen, zu festigen und zu erweitern. Denn der Grad an Freiheit und Genauigkeit in der Umsetzung einer Interpretation am Instrument hängt ja genau von dieser mehrdimensionalen Disposition ab.

Die Schlüsselfragen lauteten und lauten für mich daher:

Wer war diese Frau, die doch immerhin einen einzigartigen Lehrgang ins Leben rufen konnte an einer der berühmtesten Musikuniversitäten der Welt? Und das zu einer Zeit, als die Situation der Frau in Bildung und Lehre im universitären Rahmen noch mit schlechter als schlecht zu bezeichnen war!

Was war das Grundlegende an ihrer Arbeit, das wir als ihre Nachfolger heute durch die zusätzliche Verwendung ergänzender Methoden zu erreichen suchen?

Heuer, im Juni 2011, hätte Hilde Langer–Rühl ihren hundertsten Geburtstag gefeiert. In diesem Sinne will ich mit der vorliegenden Arbeit dazu beitragen, die Erinnerung zu bewahren an diese große Lehrende der Musikakademie Wien und ihre Arbeit und sie erhalten auch für diejenigen, welche sie vielleicht nicht persönlich gekannt haben.

---

5 Mittlerweile wurde dieser Artikel auch Teil einer aus kopierten Wikipedia-Beiträgen erstellten Veröffentlichung über Hochschullehrer der Musikhochschule Wien. Vergleiche: http://www.beck-shop.de/Quelle-Wikipedia-Hochschullehrer-Universit%C3%A4t-Musik-darstellende-Kunst-Wien/productview.aspx?product=1497832 . Online am 25.10.2011

2. Zur Biographie einer Frau, die weiß, was sie will

„Ihre rasche Auffassungsgabe, ihre musikalische und menschliche Intelligenz, ihr eminenter Fleiss und ihre Begeisterungsfähigkeit, verbunden mit einem kritisch – abwägenden Vermögen wiesen für die Zukunft ungewöhnliche pädagogische Fähigkeiten auf. Dies alles wurde überhöht durch einen geraden, unbestechlichen Charakter mit unbedingtem menschlichem und künstlerischem Verantwortungsgefühl[6].“

Hilde Langer–Rühl lebte von 1911 bis 1990. Sie war eine sehr selbstbewusste und selbstbestimmte Frau, die es in den Kriegs- und Nachkriegsjahren verstand, berufliche Laufbahn und Leben mit Familie mit Fleiß und Geschick zu vereinen. Sie entwickelte einen einzigartigen Weg der Atem-, Stimm- und Bewegungsschulung für Musiker, dessen Inhalte, Methoden und Ziele bis heute Gültigkeit besitzen.

2.1. Herkunftsfamilie[7]

„Jeder Mensch ist ein Versuch der Natur, etwas Neues, Einmaliges zu schaffen[8].“

Hildegard Winifred Rühl wurde am 17. Juni 1911 in Borne in der Provinz Overijssel in Holland geboren. Ihre Eltern, Hermann Heinrich Rühl und Anna Emilie Rosalie Filter, hatten im Jahr 1904 in England geheiratet. Anna Emilie beschrieb ihren Vater Carl August Filter, also den Großvater Hildes, als „sehr musikalisch[9]“. Er war Ziegeleibesitzer in Birsgallen bei Riga (Linde, Birzgale) im damaligen Ostpreußen, dem heutigen Lettland. Seine Frau, Hildes Großmutter mütterlicherseits, hieß

---

6 Heinrich Graf von Wesdehlen, Zeugnis. Augsburg, 29. 12. 61, S.3f.
7 Dieses Kapitel stützt sich im Wesentlichen auf Informationen von Hilde Langer–Rühls Sohn, Cornelius Langer, beziehungsweise von Erwin Strouhal, Archivar der Musikuniversität Wien.
8 Hilde Langer–Rühl: Musik und Atem. In: Atem. 5. Jahrgang, Heft 2/1963, S.4.
9 Vgl.: Hilde Langer–Rühl: Brief an Pastor Ernst Robert Busch, Pastor von Birsgallen. Wien, 28. Mai 1981.

Ernestine und war eine geborene Wulff. Väterlicherseits liegen die Wurzeln der Familie im Rheinland beziehungsweise in Frankreich.

Die erste Verbindung zu Hildes späterem Beruf als Atem- und Bewegungslehrerin ist vielleicht schon im Kindesalter entstanden: Beim Turnen an der Teppichstange stürzte das kleine Mädchen ab. Der Dorfarzt in Holland empfahl als einzige Therapiemaßnahme nur einen straffen Halswickel. Ihre ständigen Schmerzen im Hinterkopf wurden bagatellisiert, und erst, als sie schon erwachsen war, wurden in Berlin Röntgenbilder angefertigt. Dabei zeigte sich eine Blockbildung in den beiden obersten Wirbeln; der erste Wirbel war sogar deformiert. Man prophezeite ihr einen steifen Hals, aber sie beschloss: „Das wird nicht sein!!![10] " Seither suchte oder erfand sie entsprechende Ausgleichsübungen.

Hilde Rühl erkrankte im ersten Weltkrieg an einer „echten Rachitis[11]".

Schon während ihrer Kindheit zog die Familie nach Osnabrück, wo der Vater Hermann Rühl in einer Weberei arbeitete. Daher kamen auch ihre Kenntnisse in Bezug auf Textilien, die ihr zu Gute kamen, als sie einmal für die Akademie Stoffe aussuchen musste: „Das kenn ich, das hatten wir doch auch[12]!"

2.2. Jugend und junge Jahre

> *„Beim Kind ist dieser tierische Zusammenhang mit der Natur noch vorhanden, leider nicht immer [...][13]."*

Ab dem 9. Lebensjahr erhielt Hilde Rühl Klavierunterricht. Sie machte am 16. Mai 1928, also mit gerade noch 16 Jahren, ihren Schulabschluss im Oberlyzeum für Frauen in Osnabrück. Im Jahr 1929 wurde sie in das Konservatorium in Osnabrück – damalige Leitung Generalmusikdirektor Otto Volkmann (1888 bis 1968[14]) aufgenommen, welches sie laut ihrem Abschlusszeugnis im Zeitraum zwischen

---

10 Vgl.: Hilde Langer–Rühl: Vortrag für den 23. April 1983 in München, Gesangslehrertagung. oO, S.4.
11 Vgl.: Kassette Christa Schwertsik und Hilde Langer–Rühl, 1981.
12 Christa Schwertsik, Gespräch am 20. April 2005.
13 Hilde Langer–Rühl: Richtlinien meiner Praxis des Klavierunterrichtes. oO. April 1953, S.6.
14 Vgl.: Christine Sommer: Volkmann, Otto Hermann. www: http://www.uni-magdeburg.de/mbl/Biografien/0748.htm. Online im Internet (13.06.2006).

erstem April 1929 [handschriftlich ausgebessert „Juni“; die Verfasserin] und 17. März 1930 besuchte. Das wäre noch nicht einmal für die Dauer eines Jahres gewesen[15]; Heinrich Graf von Wesdehlen (1886 bis 1975[16]) hingegen bestätigt in einem handschriftlichen formlosen Zeugnis eine Teilnahme Hildes als Schülerin an seiner Ausbildungsklasse von 1926 bis 1930[17]. Bei ihm studierte sie Klavier; Komposition und Kontrapunkt bei Otto Volkmann. Ihr eigentlicher Berufswunsch war Komponistin[18]. Am 17. März 1930 unterzog sie sich mit 18 Jahren „der Reifeprüfung als Klavierlehrerin [...] mit dem Gesamtprädikat: sehr gut mit Auszeichnung[19].“ Schon damals erhielt sie parallel zum Studium am Konservatorium privaten Klavierunterricht bei Wilhelm Kempff[20].

Im Jahr ihrer Abschlussprüfung starb die Mutter. Von da an förderte der Vater Hildes Karriere; und bald engagierte sich auch der um sechzehn Jahre ältere Wilhelm Kempff für sie.

Von Kempff wurde sie vorbereitet für die Meisterkurse in Potsdam in den Jahren 1931, 1932 und 1935, die vom „Deutschen Musikinstitut für Ausländer[21]“ organisiert wurden und bei denen er selbst als Lehrer tätig war. Da Hilde bis zur Eheschließung Holländerin und somit Ausländerin Reichsdeutscher Nationalität war, durfte sie an diesen teilnehmen. Kempff, der von 1929 bis 1931 seinen Wohnsitz in der Orangerie des Potsdamer Schlosses Sanssouci und danach in der Albrechtstraße 38 hatte[22], organisierte als guter Freund sogar wiederholt eine Wohnmöglichkeit für Hilde Rühl für die Dauer der Sommerkurse[23].Sie revanchierte sich und initiierte schon als sehr junge Frau – mit ungefähr zwanzig Jahren - das erste Konzert Wilhelm Kempffs in Osnabrück. Am 12. Februar 1932 spielte er dort im Festsaal in der Thurgerstraße 36[24].

---

15 Vgl.: Zeugnis des städtischen Konservatoriums der Musik zu Osnabrück. Osnabrück, 17.3.1930.
16 Vgl.: www :http://www.angelfire.com/realm/gotha/Part_h10.htm, Online im Internet. (13.06.2006).
17 Vgl.: Heinrich Graf v. Wesdehlen, Zeugnis für Hilde Langer–Rühl. Augsburg 29.12.1961, S.1.
18 Cornelius Langer, Gespräch in Wien vom 20.05.2007.
19 Zeugnis des städtischen Konservatoriums der Musik zu Osnabrück. Osnabrück, 17.3.1930.
20 Vgl.: Hilde Langer–Rühl: Zeittafel für das Pensionsansuchen, Besitz Cornelius Langer.
21 Wilhelm Kempff: Zeugnis für Prof. Hilde Langer–Rühl. Berlin 1962.
22 Vgl.: www.wilhelm-kempff.de/biographie.htm ,Online im Internet. (2007-08-02).
23 Cornelius Langer, Briefe, Privatbesitz.
24 Cornelius Langer, Briefe, Privatbesitz.

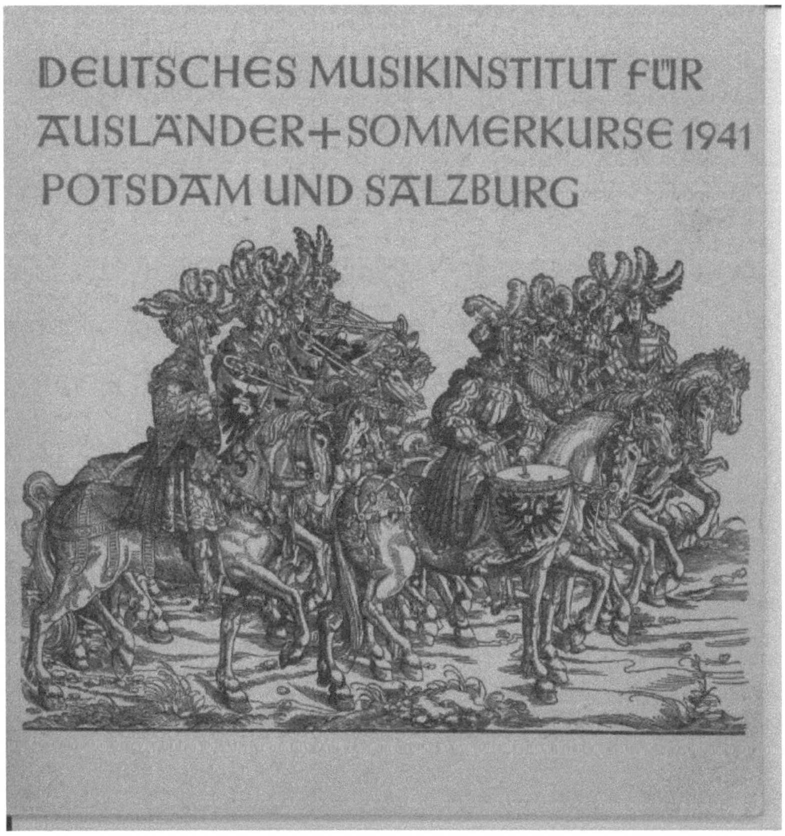

Titelblatt der Ausschreibung des Sommerkurses 1941

Von 1930 bis 1935 lebte Hilde Rühl als freiberufliche Klavierlehrerin, gab Konzerte und korrepetierte[25].

Der Wandel ihrer Laufbahn begann ganz unscheinbar: In den Jahren 1932 bis 1935[26] (laut Zeugnis von Ilse Töpfer aus dem Jahr 1950 schon von 1931 an[27]) besuchte sie auf Anraten Wilhelm Otto Volkmanns[28] die Atemschule von Clara Schlaffhorst und Hedwig Andersen in Hustedt als Ausbildungsschülerin. Sie begleitete auch über mehrere Jahre hinweg den Hustedter Chor bei den Proben und auf seinen Konzertreisen[29]. Diese fanden unter anderem unter der Leitung von Helmut Meyer zu Bremen statt (1902-1941) sowie unter dem zu dieser Zeit berühmten Hans Chemin–Petit (1902 – 1981), Dirigent und Professor an der Hochschule für Musik in Berlin und

25 Vgl.: Hilde Langer–Rühl, Chronik für Pensionierungsantrag, Wien, Datum nicht bekannt, Cornelius Langer Privatbesitz.
26 Vgl.: Ilse Toepfer: Bescheinigung. Berlin- Nikolassee, 16.1.1962.
27 Vgl.: Ilse Toepfer: Bescheinigung. Berlin- Nikolassee, 15.4.1950.
28 Vgl.: Hilde Langer–Rühl: Lebenslauf. Wien, 29.3.1981.
29 Vgl.: Gertrude Schümann: Bescheinigung. Eldingen, 25.4.1966.

Leiter des Philharmonischen Chores[30]. Anlässlich dieser Konzerte hatte sie die Gelegenheit, in verschiedenen deutschen Städten auch solistisch aufzutreten[31].

Als im Jahr 1935 die Lieblingsschülerin und Assistentin von Clara Schlaffhorst und Hedwig Andersen, Ilse Töpfer, nach unüberbrückbaren Meinungsverschiedenheiten mit den Schulleiterinnen Hustedt verließ und in Berlin-Nikolassee eine Zweigstelle der Schule aufbaute, folgten ihr einige der jungen Schülerinnen[32], so auch Hilde Rühl. Sie arbeitete hier von 1935 bis 1942 als Klavierlehrerin und erhielt selbst bei Ilse Töpfer viele Jahre lang Gesangsunterricht[33]. Gemeinsam leiteten sie Sommerkurse auf Sylt und Amrum[34]. Ilse Töpfer war eine eher burschikose Frau, die mit Hilde eine lebenslange private Freundschaft verband und die sie sogar noch 1967 in Wien besuchte[35].

Von 1939 bis 1945 spielte Hilde Rühl regelmäßig als freiberufliche Pianistin im Deutschen Überseesender „Frau und Jugend" des Kurzwellensenders Berlin Charlottenburg 9[36]. Sie wirkte „seit Kriegsbeginn als Pianistin in unseren Auslandssendungen mit, und zwar durchschnittlich 9-mal wöchentlich[37]." Nach eigenen Angaben ersetzte diese Tätigkeit als Kriegsdienst den Fabrikdienst[38]. Zusätzlich war sie sechs Jahre lang „musikalische Leiterin des Kinderrundfunks im Kurzwellensender[39]" und dort solistisch und kammermusikalisch tätig[40].

Wilhelm Kempff vertraute ihr den ersten Klavierunterricht einiger seiner sieben Kinder Dietrich, Inge, Mechthild, Angela, Irene, Roland und als Jüngste Diana an. Es entwickelte sich in diesen Jahren eine Freundschaft zu ihnen allen, die in zahlreichen Briefen und Postkarten ihren Ausdruck fand[41]. 1939 wurde Hilde Taufpatin von Roland Kempff. Zu dieser Zeit war sie übrigens mit Wilhelm Kempff immer noch per Sie, wie man dem Briefwechsel entnehmen kann[42].

---

30 Vgl.: Hans Chemin – Petit: Bescheinigung. Berlin – Schlachtensee, 10.1.1962.
31 Vgl.: Gertraud Schümann: Bescheinigung. Eldingen, 25.4.1966.
32 Vgl.: Heidi Noodt in: Chronik der Schule Schlaffhorst-Andersen. F.X. Stückle, Ettenheim 1994, S.115.
33 Vgl.: Ilse Töpfer: Zeugnis für Hilde Langer–Rühl, Berlin- Nikolassee, 16.1.1962; laut Zeugnis vom 15.4.1950 konzertierte sie allerdings seit 1940 ausschließlich.
34 Vgl.: Hilde Langer–Rühl: Lebenslauf. Wien, 29.03.1981.
35 Vgl.: Cornelius Langer, Gespräch in Wien. 20. Mai 2007.
36 Vgl.: Bescheinigung der Reichs-Rundfunk G.M.B.H, Auslands-Direktion. Berlin Charlottenburg, vom 16.11.1944.
37 Vgl.: Ebd.
38 Vgl.: Cornelius Langer. Gespräch in Wien. 20. Mai 2007.
39 Vgl.: Hilde Langer–Rühl: Gesuch. oO, April 1953, S.1.
40 Vgl.: Hilde Langer–Rühl: Lebenslauf. 1981, S.1.
41 Vgl.: Ebd.
42 Vgl.: Cornelius Langer, Private Briefe.

2.3. Heirat und Familiengründung

„Aber allmählich ist es Zeit für Dich, dass Du endlich einmal in etwas Ruhe kommst, Du Arme bist jetzt, wie ich eben ausrechnete, seit zweieinhalb Monaten auf Reisen [...][43].“

Hilde Rühl lernte ihren späteren Ehemann Norbert Oskar Langer in Mesothen in Lettland in einem Erholungslager für Soldaten kennen[44], in dessen Armeebetreuungsschule er später (ab April 1944) auch Vorträge hielt[45]. Der Komponist und Literat Hans Baumann hatte die Bekanntschaft hergestellt[46], da er durch seine Kompositionen für den Reichsrundfunk Berlin und durch das gemeinsame Interesse an Literatur ein Bekannter von beiden war. Norbert Langer (geboren am 21. April 1899) stammte aus Nikolsburg in Mähren, seine Eltern waren Rudolf Franz Langer, wohnhaft in Nikolsburg, und Aloisie Emilie Josefa Langer, geborene Koblika. Im Frühjahr 1923 hatte er seine Doktorarbeit über Nietzsche an der Wiener Universität vorgelegt[47] und war Literaturwissenschaftler und Schriftsteller. Die Gemeinsamkeit im späteren Eheleben von Hilde und Norbert lag in der Begeisterung für Literatur, für Musik und vor allem für Franz Schubert, mit dem Langer angeblich verwandt war[48]. Er wurde später, gefördert durch den Bundespräsidenten Adolf Schärf, der 1890 ebenfalls in Nikolsburg geboren war, zum Professor h.c. ernannt. Langer veröffentlichte unter anderem folgende Bücher: „Die deutsche Dichtung seit dem Weltkrieg[49]“ und vor allem die Portraitserie „Dichter aus Österreich[50]“. Er starb im Jahre 1975 und wurde in Bad Aussee in einem Urnengrab beigesetzt.

Hilde Rühl wohnte ab 1938 in Berlin Nickolassee in der Teutonenstraße und zog für die Zeit von 1942 – 1944 in eine Wohnung in der Ringstraße 20 in Berlin Lichterfelde. Norbert lebte unter der Adresse „Im Schwarzen Grund 8“ in Dahlem. Am 3.

---

43 Norbert Langer: Brief an seine Frau. Mesothen, 17.06.1944, S.2.
44 Vgl.: Hilde Langer–Rühl: Brief an Pastor Ernst Robert Busch. Wien, 28.05.1981.
45 Vgl.: Norbert Langer: Brief an Hilde Rühl. Mesothen, 17.06.1944, S.1.
46 Vgl.: Cornelius Langer: Gespräch in Wien. 06. Mai 2006.
47 Norbert Langer: Das Problem der Romantik bei Nietzsche. Helios-Verlag, Münster i.W., 1929.
48 Vgl.: Cornelius Langer: Gespräch in Wien. 06. Mai 2006.
49 Norbert Langer: Die deutsche Dichtung seit dem Weltkrieg. Adam Kraft Verlag, Karlsbad Leipzig, 1940.
50 Norbert Langer: Dichter aus Österreich. 5 Bände bei ÖBV Wien, 1957 bis 1967.

November 1943 war es so weit: Die evangelische Hilde Rühl heiratete vor dem Standesamt Berlin-Zehlendorf den katholischen „freien Land-Schriftsteller[51]" und Kunstgeschichtler Norbert Oskar Langer, und am 1. Jänner 1944 zog sie offiziell zu ihrem Mann. Die Wohnsitze wurden später durch Bombenangriffe zerstört, weshalb beide nach ihrer Flucht aus Deutschland nicht nach Berlin zurückkehren wollten.

Hermann Rühl hatte 1943 in Deutsch-Feistritz in der Steiermark, heutiges Österreich, ein Sekretariat einrichten lassen, von dem aus Konzertreisen für seine Tochter im ganzen Deutschen Reich organisiert wurden. In den Jahren 1942 bis 1944 ist beispielsweise eine honorierte Konzerttätigkeit Hildes für das Deutsche Rote Kreuz in Potsdam Babelsberg belegt[52].

2.4. Wahlheimat Österreich

> *„1952 verpflichtete sie der damalige Leiter der Ausseer Musikschule nach Bad Aussee, wo es ihr so gut gefiel, dass sie ihren Mann davon überzeugte, ins Ausseerland zu übersiedeln[53]."*

Ein österreichischer Dichterfreund Norberts, Sepp Keller, hatte beide Langers in den Kriegsjahren wiederholt eingeladen: „Wenn etwas passieren sollte, kommt zu uns[54]!" Dieser Einladung folgten sie dankbar nach der Zerstörung ihrer Wohnsitze und flohen zwischen Februar und Mai 1945 auf abenteuerlichen Umwegen und einzeln aus Berlin nach Aigen im Ennstal in der Steiermark. Hausrat und Wertgegenstände – samt Bechsteinflügel! – verluden sie in einen angemieteten Waggon der Deutschen Reichsbahn und brachten alles ohne Verluste nach Aigen.

Dort diente das Elternhaus Kellers, das so genannte „Putterer Schlössel", auch für andere Bekannte der Familie Keller als Flüchtlingsquartier. Sepp Keller fiel knapp vor Kriegsende und fehlte daher als entscheidende Verbindungsperson zu den anderen Bewohnern des Hauses, so dass das Ehepaar Langer–Rühl leider keine besonders

---

51 Trauschein, Standesamt Berlin, Nummer 539/ 1943.
52 Vgl.: Cornelius Langer, Privatarchiv.
53 Cornelius Langer: Frau Prof. Hilde Langer–Rühl 70 Jahre. oO, 1981.
54 Cornelius Langer: Gespräch in Wien. 06. Mai 2006.

gute Stellung bei den Besitzern innehatte. Sicherlich mussten sie in dieser Zeit das Elend der ersten Nachkriegsjahre in all seiner Bitternis miterleben.

Den Lebensbedarf deckte die Familie Langer durch den Verkauf ihrer Habseligkeiten, durch finanzielle Unterstützung von Hildes Vater, der vorübergehend nach Deutsch-Feistritz geflohen war, und durch Hildes Klavierstunden auf privater Basis im Nachbarort Irdning. Ein Freund, der sehr Musik liebende Landarzt Sepp Kopetzky, vermittelte den Kontakt zu Klavierschülern und förderte Hilde auch, indem er ihr die Gelegenheit bot, einige ihrer Kompositionen bei ihm im privaten Kreis vorzustellen.

1946 wurde Cornelius, 1948 Dorothea in Aigen im Ennstal geboren. Die Eltern führten gewissenhaft täglich ein Kindertagebuch über beide Kinder.

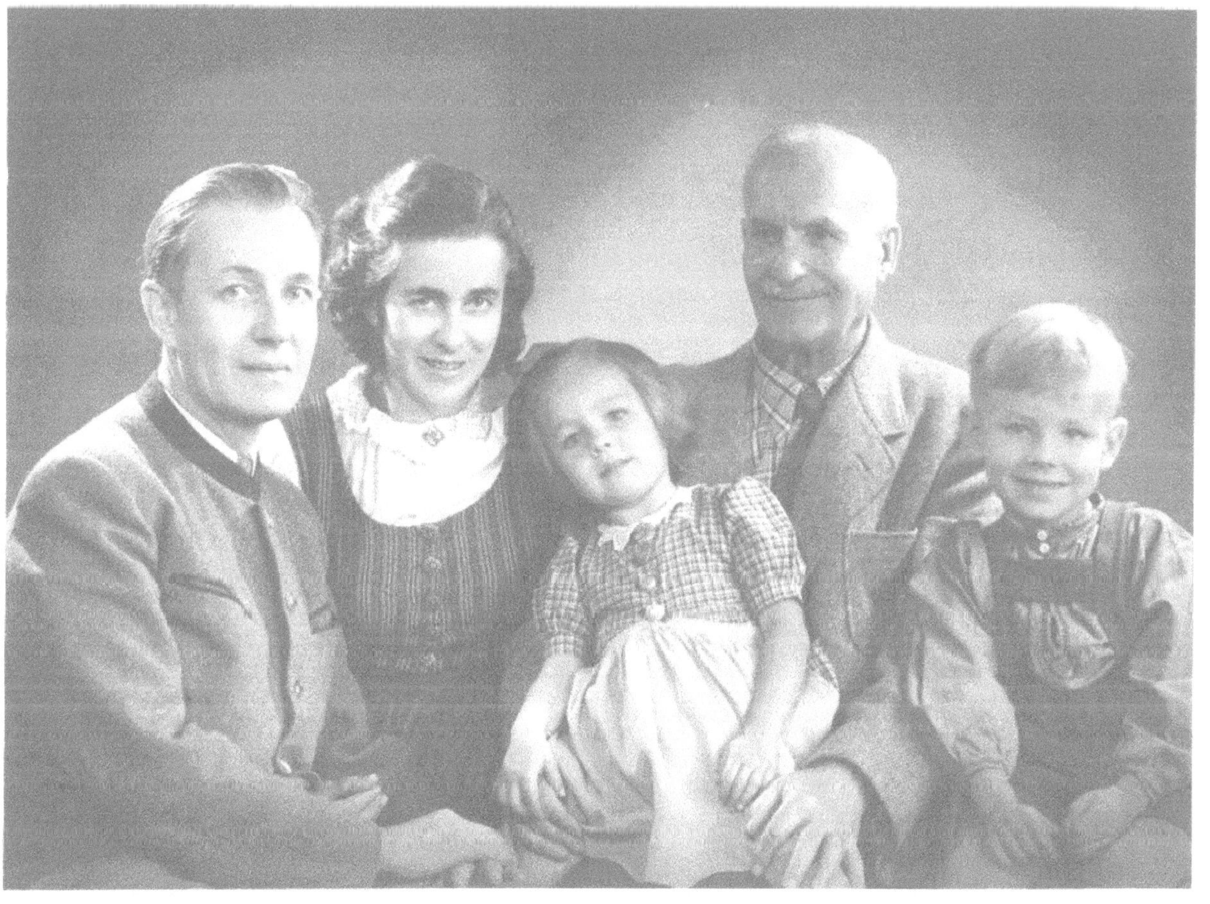

Familie Langer: v.l.n.r.: Norbert, Hilde, Dorothea, Hermann, Cornelius

Im Jahr 1949 mieteten Langer–Rühls eine eigene Wohnung in Irdning. Die Kinder hatten hier viel Kontakt mit den tolerant aufgezogenen Ärztekindern der Familie Kopetzky. Diese wiederum erhielten alle vier bei Hilde Klavierunterricht.

Hermann Rühl war mittlerweile Vorstandsdirektor der Firma Hammersen (Weberei, Färberei, Bleicherei und Ausrüstung) in Osnabrück geworden. Mit seiner Hilfe konnte im Jahr 1954 ein Haus mit der Adresse „Gasteig 192" in A-8990 Bad Aussee in der Steiermark erworben werden.

Auch beruflich fand Hilde Langer–Rühl Unterstützung: Wilhelm Kempff versuchte über Bernhard Paumgartner, den Präsidenten der Salzburger Festspiele, ihr zu einer Anstellung in Salzburg zu verhelfen. Paumgartner vermerkte sie zwar positiv nach einem Besuch um das Jahr 1950, als er sie in Salzburg spielen gehört hatte, konnte aber nicht wirklich etwas für sie tun. 1952 erhielt sie eine Anstellung als Klavierlehrerin an der Volksmusikschule Bad Aussee unter Franz Hofer und pendelte von da an zwischen Aigen und dem ca. 35 km entfernten Bad Aussee.

In den Fünfziger Jahren veranstaltete die Wiener Musikakademie während des Sommers Musikfestwochen, bei denen auch die vor 1895 in Bad Aussee entstandene Oper „Der Evangelimann" von Wilhelm Kienzl präsentiert wurde. Der damalige Unterrichtsminister Ernst Kolb weilte dort zu Besuch und wollte sich unter anderem über den Musikunterricht in Bad Aussee informieren. Hilde Langer–Rühl wirkte auf den Minister so überzeugend, dass er, offenbar auch von Paumgartner informiert, ihr die Frage stellte: „Wo wollen Sie hin – nach Salzburg oder nach Wien?" Prompt kam ihre Antwort: „Nach Wien[55]!"

2.5. Wiener Jahre

> *„Die Bewerberin strebt eine Anstellung in Wien an, weil sie selbst zwei begabte kleine Kinder hat, die auf dem Lande kaum eine geeignete Unterrichts- und Ausbildungsmöglichkeit haben und deren Gesundheit es nicht erlaubt, weiter im rauen Gebirgsklima zu bleiben[56]."*

---

55 Ebd.
56 Hilde Langer–Rühl: Gesuch. Irdning im Ennstal, April 1953, S.2.

Schon 1953 hatte Hilde Langer–Rühl ein Gesuch nach Wien an die Akademie für Musik und darstellende Kunst gesendet, in dem sie sich um „eine Anstellung als Lehrerin für Klavierspiel[57]" bewarb. Diese Anfrage blieb jedoch erfolglos.

Im Herbst 1955 jedoch erhielt sie ein Telegramm von der damaligen Musikakademie in Wien des Inhalts, dass durch den plötzlichen Tod einer Lehrkraft eine Stelle provisorisch zu besetzen sei.

Daher zog sie kurz entschlossen trotz noch gültigen Vertrags mit der Musikschule in Bad Aussee schon am nächsten Tag in die Welthauptstadt der Musik, um an der Akademie zunächst Klavier (im Nebenfach) zu unterrichten.

Ab 1955 wohnte Hilde Langer–Rühl nun in Wien, während ihr Mann mit den Kindern, die beide noch nicht einmal zehn Jahre alt waren, und einer Haushaltshilfe in der Steiermark blieb. Erst im folgenden Jahr wurden die Kinder nachgeholt. Norbert hatte zu dieser Zeit eine literarische Portraitserie österreichischer Dichter begonnen und blieb daher zunächst in Bad Aussee.

Schon 1958, also nur drei Jahre nach ihrer Anstellung an der Akademie, wurde Hilde Langer–Rühl zum Professor h.c. ernannt. Hier setzte sich die Dichterin Martina Wied für sie ein, die als Staatspreisträgerin Mitglied des österreichischen Kunstsenates war.

1960 bekam der inzwischen der Familie nachgezogene Vater Norbert eine Stelle als Lektor im Österreichischen Bundesverlag in Wien; später arbeitete er bis zur Pensionierung noch als Cheflektor des „Amandus" Verlages.

In den 60er-Jahren hatte das Haus am Gasteig in Bad Aussee seine große Bedeutung für die Familie als Ferienidylle, ab 1971 wurde es vor allem vom Sohn Cornelius bewohnt. Bis 1989 hielt Hilde Langer–Rühl dort Sommerkurse für Schüler ab, die sie zunächst im eigenen Haus, später in Quartieren in der Umgebung unterbrachte.

---

57 Ebd., S.1.

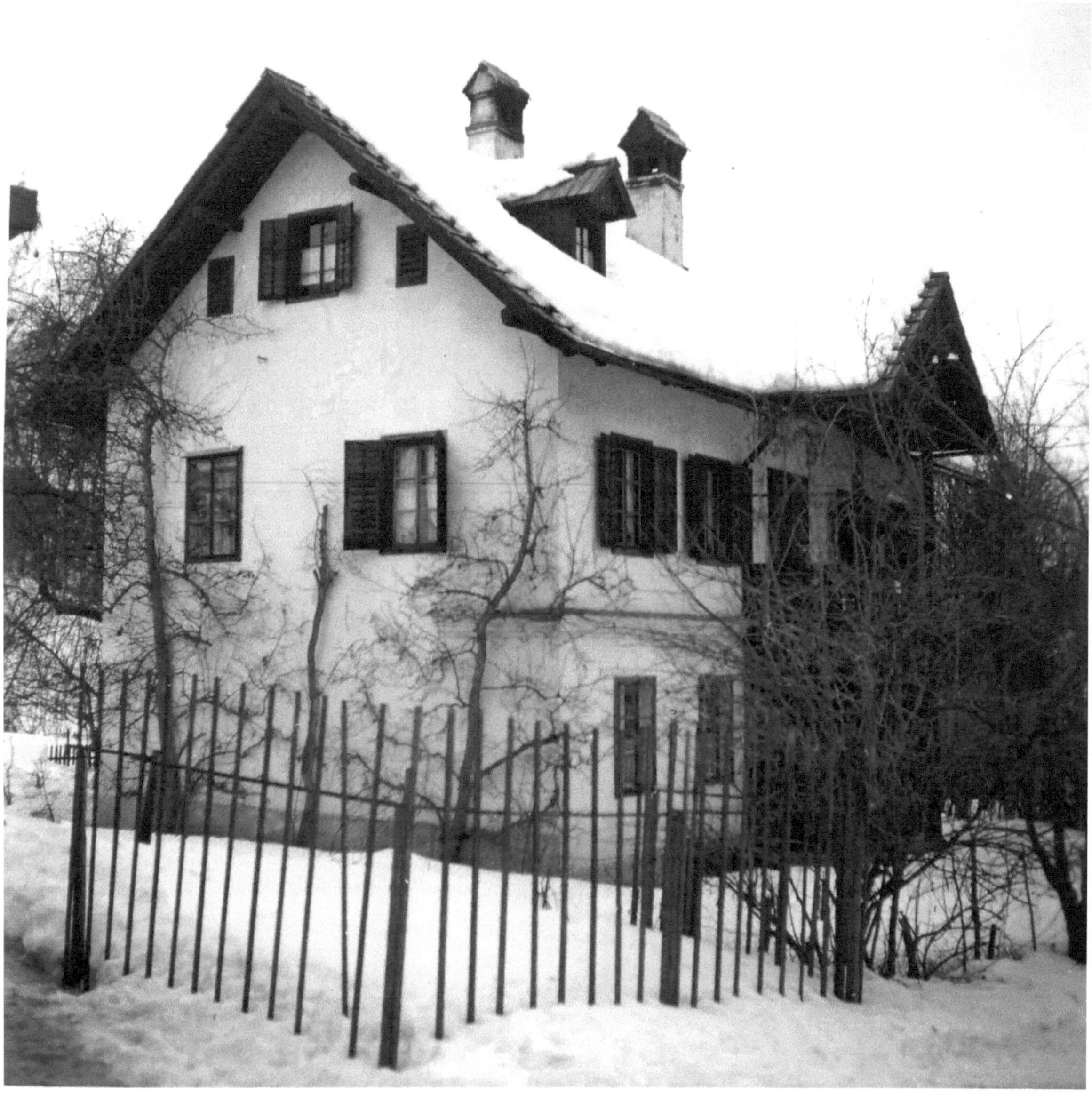

Das Haus in Bad Aussee, Gasteig 192, um 1960

1961 bekam die Familie Langer–Rühl eine Wohnung im Schloss Hetzendorf in Wien zugeteilt, im Gärtnertrakt Nummer 38, in der Hilde bis zu ihrem Tode lebte und unterrichtete. Heute wohnt dort Cornelius Langer.

Im Jahr 1962 kehrten die Kinder aus dem Internat zurück: Dorothea hatte die Neulandschule besucht, Cornelius das Bundeskonvikt für Knaben.

Interessanter Weise beschäftigte sich Hilde Langer–Rühl in den sechziger Jahren auch mit der Übersetzung von Büchern aus dem Holländischen ins Deutsche:

„Alles ist Liebe[58]" von Pieter van der Meer de Walcheren, ein religionsphilosophisch / literarisches Werk, sowie „Wunderwelt der Insekten[59]" von Arend Bandsma und Robin Brandt, ein naturwissenschaftliches Buch.

Am 15. Oktober 1970 wurde Hilde Langer–Rühl in den Vorstand der JAUPL gewählt[60] (JAUPL = Association International de professeurs maitres de Conférence des Universitées, auf Deutsch: Internationale Vereinigung der Universitätsprofessoren und Fachhochschullehrer. Die JAUPL ist ein renommierter Verband mit einigen zehntausend Mitgliedern und beratender Funktion bei der UNESCO[61] mit Hauptsitz in Gent, Belgien und Sitz in Wien 19, Franz Klein Gasse 1 / 48).

Von der Musikhochschule aus bekam sie 1971 und 1979 die Möglichkeit, in Koproduktion mit Franz Muhar, Leiter des Laboratoriums für klinische Atemphysiologie der zweiten Chirurgischen Universitätsklinik Wien, zwei Filme über den Zusammenhang zwischen Musizieren und Zwerchfellbewegung zu drehen. In den folgenden Jahren reiste sie voller Enthusiasmus zur Vorstellung der Filme und ihrer Forschungsergebnisse unter anderem nach Baden-Baden, Dortmund, München, Freudenstadt, Danzig, St. Gallen, Luzern, Zürich, Basel und in einige Städte Österreichs.

2.6. Karriere an der Wiener Musikakademie

> *„Kempff und Erdmann, beide immer wieder gern nach Wien kommend und hier gern gehört, würden es begrüßen, wenn die Bewerberin an ein Institut kommt, das durch seine Tradition ein ihren pädagogischen und musikalischen Voraussetzungen entsprechendes Wirkungsfeld gewährleistet[62]."*

---

58 Pieter van der Meer de Walcheren: Alles ist Liebe. Übersetzung durch Hilde Langer–Rühl. Amandusverlag, Wien 1961.
59 Arend Bandsma und Robin Brandt: Wunderwelt der Insekten. Übersetzung durch Hilde Langer–Rühl. Landbuchverlag, Hannover 1963.
60 Erwin Strouhal, Archivar der Musikuniversität Wien: Gespräch in Wien, Februar 2006.
61 Vgl.: www.: http://www.europa-dokumentaro.de/ed18.html, online im Internet, am 27.11.2007.
62 Hilde Langer–Rühl: Gesuch. Irdning im Ennstal, April 1953, S.2.

„Da Frau Langer–Rühl nicht nur musikalisch, sondern auch intelligent und gewissenhaft war, so machte sie damals gute Fortschritte. Ich nehme nicht an, dass sich einer der genannten Faktoren während der letzten sieben Jahre reduziert hat, und so glaube ich, sie mit gutem Gewissen als tüchtige musikalische Kraft empfehlen zu können[63].“

Aus dem Schriftwechsel mit Erwin Strouhal, Archiv der Universität für Musik und darstellende Kunst, stammen die folgenden Daten[64]:

„Hilde Langer–Rühl war von 1955 bis 1987 an der Akademie bzw. ab 1970 an der Hochschule für Musik und darstellende Kunst in Wien, tätig.

Innerhalb dieses Zeitraumes war sie von 01.11.1955 bis 30.04.1966 als Vertragslehrerin, von 01.05.1966 bis 31.12.1976 als L1-Professorin und von 01.01.1977 bis 30.09.1987 als Lehrbeauftragte Mitglied des Lehrkörpers[65].“

Eine Zugehörigkeit zu bestimmten Abteilungen ist heute leider nur sehr schwer rekonstruierbar, da zu diesen Zeiten seitens der Verwaltung eine genaue Zuordnung nicht besonders beachtet wurde.

- 1955 bis 1963: Nebenfach „Klavier“ (ab 1962 an der Gesangsabteilung)
- 1958 bis 1966: Nebenfach „Blattspiel (im Lehrgang C)[66]“, „Blattspiel und Transponieren“ bzw. „Blattspiel“ (Begleiterlehrgang)
- 1958 bis 1960: Nebenfach „Stimmbildung“ (im Lehrgang C)
- 1960 bis 1966: Hauptfach „Stimmkunde“ bzw. Hauptfach „Atem- und Stimmkunde“ (Begleiterlehrgang)
- 1962 bis 1966: Hauptfach „Klavier-Vorbereitung“

Hilde Langer–Rühl hatte geplant, im Studienjahr 1961/ 62 einen „Sonderlehrgang für Pianisten ‚Eduard Erdmannseminar‘ (Klavierphysiologie und Technik, Atemschulung und Stilistik)“ einzurichten. Dies Projekt wurde aber nie realisiert[67].

---

63 Eduard Erdmann: Abschrift eines Zeugnisses. Langballigau, 1949, Bezirksgericht Irdning, 13. 4. 1953.
64 Dies Kapitel: Vergl.: Erwin Strouhal, Archivar der Universität für Musik und Darstellende Kunst. Email vom 10.06.2005.
65 Erwin Strouhal, Archivar der Universität für Musik und Darstellende Kunst. Email vom 10.06.2005.
66 Der Lehrgang C (später CI) wurde im Studienjahr 1962/ 63 als „Seminar für musikalische Volksbildung“ an der Abteilung für Musikerziehung eingerichtet und war ab 1964/ 65 als C II auch für Elementarmusikerzieher zugänglich.

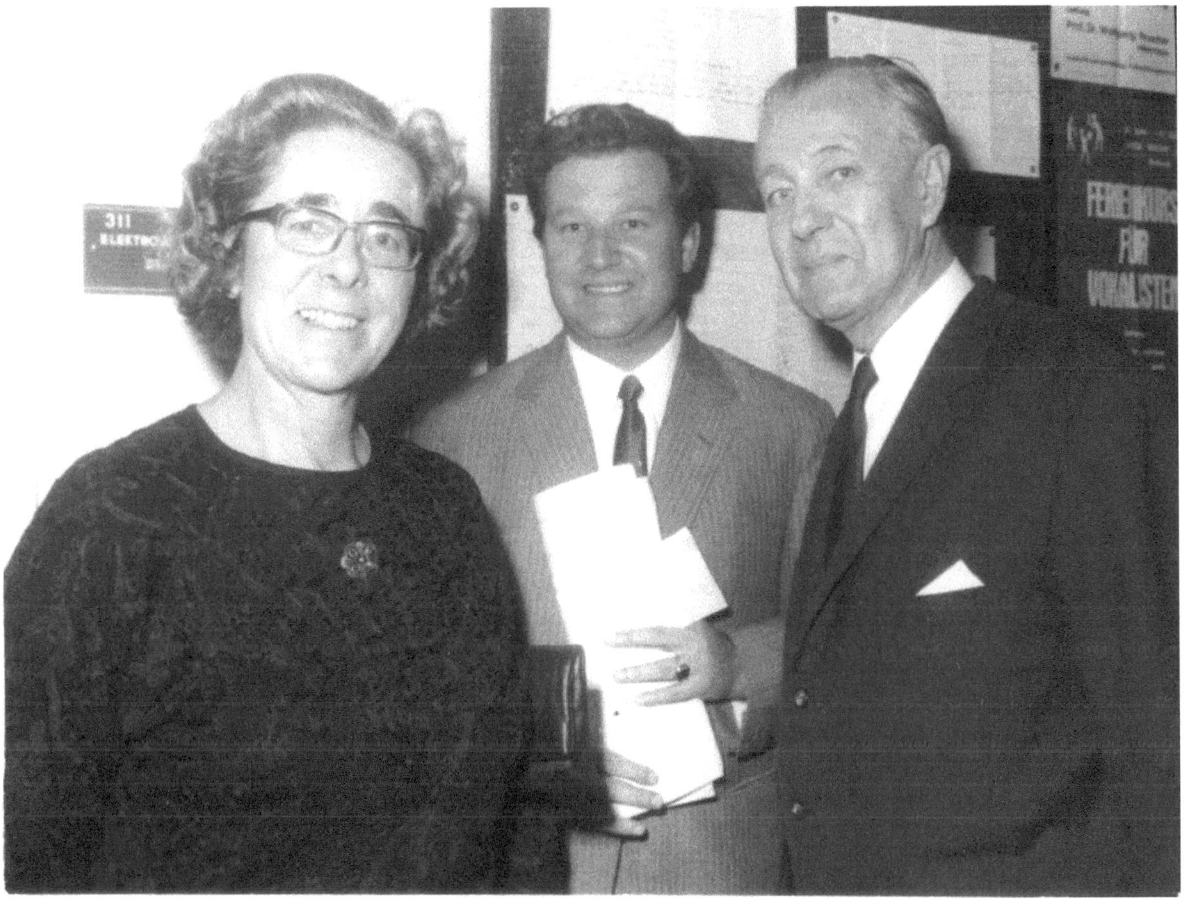

In der Musikhochschule in Wien: Hilde Langer–Rühl, ganz rechts Norbert Langer

1966 wurde sie zur L1-Professorin ernannt. Bis 1976 blieben ihre Lehrverpflichtungen für „Klavier-Vorbereitung" (Hauptfach), „Atem- und Stimmkunde" (Nebenfach) und „Blattspiel und Transponieren" (Nebenfach) aufrecht.

Der „Lehrgang für Atem-, Stimm- und Bewegungserziehung für Instrumentalisten" wurde 1974 eingerichtet. Hilde Langer–Rühl wurde mit seiner Leitung betraut und erfüllte diesen Lehrauftrag noch bis 30. September 1987, also bis lange nach ihrer Pensionierung als L1-Professorin am 31. Dezember 1976[68].

Sie erhielt im Laufe ihrer Dienstzeit den Professortitel 1958, die L1-Professur 1966 und den Titel als außerordentliche Hochschulprofessorin 1975. Die damalige

67 Cornelius Langer, Private Unterlagen.
68 Vgl.: Erwin Strouhal, Archivar der Musikuniversität Wien: Email vom 8.01.2008.

Wissenschaftsministerin Hertha Firnberg war von ihren Qualitäten so überzeugt, dass sie sie bei diesen Karriereschritten innerhalb der Musikhochschule nach Kräften unterstützte[69].

2.7. Lebensende

> *„Damit ordnen wir uns als Menschen auch willig in das große Lebensgesetz des Alterns ein, ohne daran zu zerbrechen oder zu verkümmern[70].“*

Hilde Langer–Rühl litt in den letzten Lebensjahren zunehmend an einer Herzerkrankung und tragischerweise auch an einer Lungenerkrankung (es dürfte sich um eine durch eine Mykose ausgelöste Lungengerüsterkrankung gehandelt haben[71]).

Dennoch war sie bis am Vortag ihres Todes mit ihren 79 Jahren noch aktiv im Privatunterricht tätig. Am 3. Oktober 1990 starb sie unerwartet in Wien, vermutlich an Herzversagen[72]. Am selben Tag verstarb auch der Pianist Roman Ortner (1937 bis 1990), der einer ihrer liebsten Schüler gewesen war.

Die „feierliche Verabschiedung“ Hilde Langer–Rühls fand am 15. Oktober 1990 auf dem Zentralfriedhof in Wien statt[73]. Die Grabreden wurden von Helmut Schwarz, Rektor der Hochschule, und von ihrem Sohn Cornelius gehalten. Ihre endgültige Ruhestätte liegt allerdings in Donnerskirchen im Burgenland, dem damaligen Wohnsitz ihrer Tochter Dorothea und deren Familie.

---

69 Vgl.: Cornelius Langer: Gespräch in Wien, 20. Mai 2007.
70 Hilde Langer–Rühl: Atem und Bewegungshilfe für Alternde. In: ATEM. Zeitschrift für Atempflege – Massage-Entspannung Moderne Gymnastik, 8. Jg., Heft 2/1966, S.18.
71 Cornelius Langer: Gespräch im Wien, 06. Mai 2006, bzw. mit Franz Muhar: in Wien, 13. Juni 2005.
72 Vgl.: Cornelius Langer: Nachruf. In: Alpenpost, Zeitung des steirischen Salzkammergutes, Oktober 1990.
73 Vgl.: Ebd.

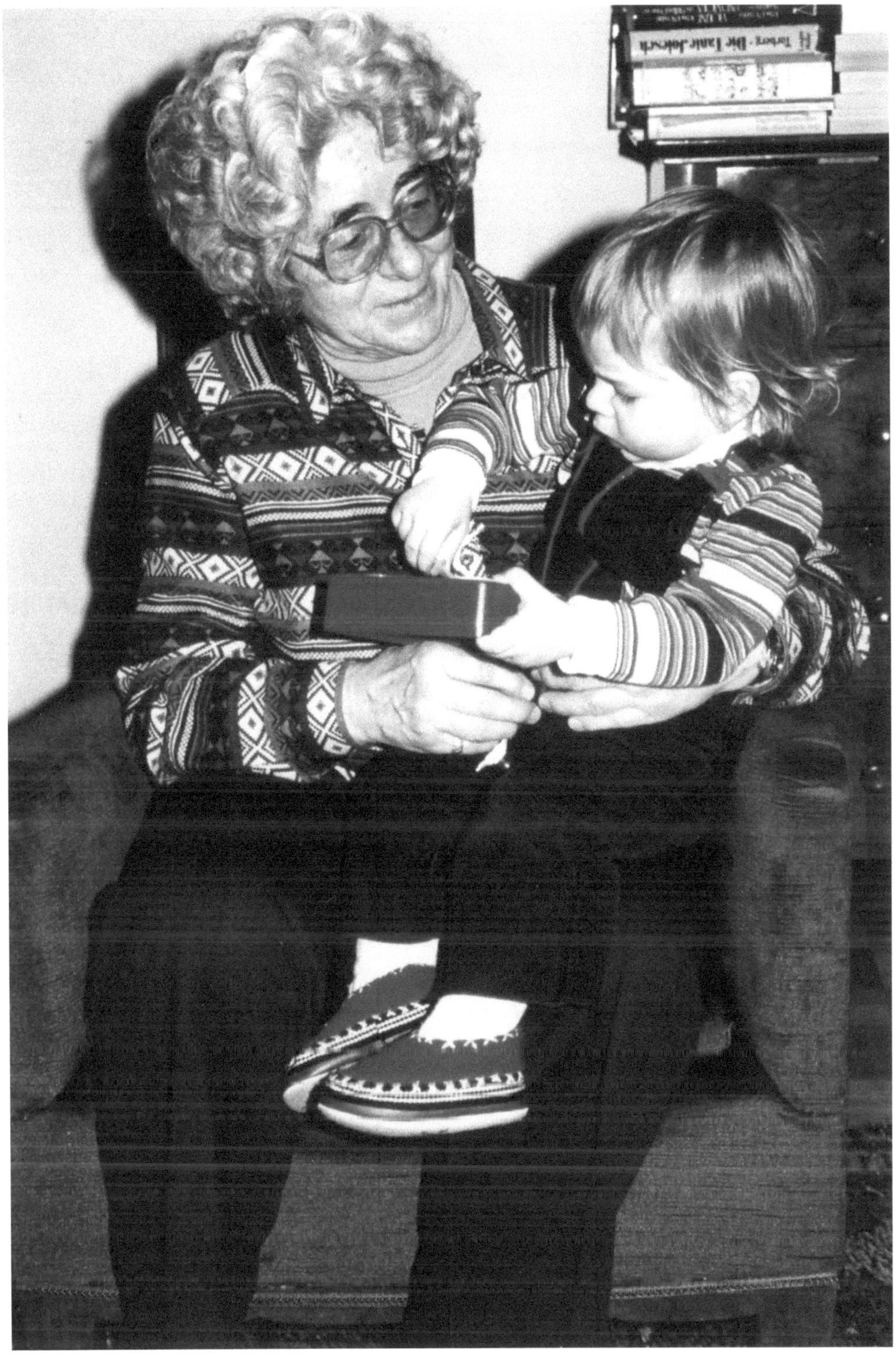

Hilde Langer-Rühl mit Enkelkind

3. Die Lehrer und ihr Einfluss auf Hilde Langer–Rühl

„Ich selbst habe mit keiner Schülerin so gern gearbeitet als mit Fräulein Rühl. Ihre rasche Auffassungsgabe, ihre musikalische und menschliche Intelligenz, ihr eminenter Fleiss und ihre Begeisterungsfähigkeit, verbunden mit einem kritisch- abwägenden Vermögen weisen für die Zukunft ungewöhnliche pädagogischen [sic] Fähigkeiten auf. Dies alles wurde überhöht durch einen geradezu unbestechlichen Charakter mit unbedingtem menschlichen und künstlerischem Verantwortungsgefühl[74].“

Im Folgenden wird der Frage nachgegangen, welche Lehrer für Hilde Langer–Rühl wichtig waren und so die für sie gültigen Werte und Einstellungen, ihr Verhalten, ihr Leben mit geprägt haben.

Dazu gehören sicher ihre Klavierlehrer Wilhelm Kempff, Eduard und Irene Erdmann, Edwin Fischer, sowie ihre Atemlehrerinnen Clara Schlaffhorst und Hedwig Andersen.

3.1. Wilhelm Kempff, Lehrer und langjähriger Freund

„Sie versteht es in besonderem Maße, im Kinde durch ihre lebendige Art des Unterrichts die musikalischen Kräfte zu wecken und von Anfang an den Unterricht auf eine allgemeine musikalische Basis zu stellen. Darüber hinaus ist Frau Langer–Rühl eine ausgezeichnete Pianistin, die bei öffentlichen Veranstaltungen der Meisterkurse im Potsdamer Marmorpalais mit Erfolg hervorgetreten ist[75].“

Wilhelm Kempff, der berühmte deutsche Pianist (1895 – 1991), studierte ab 1904 bei Karl Heinrich Barth (1847 bis 1922), einem bekannten Klavierpädagogen an der

74 Graf Heinrich Wesdehlen: Zeugnis für Hilde Langer–Rühl. Augsburg, 20.12.1061.
75 Wilhelm Kempff: Abschrift. Thurnau Oberfranken, 1949, Bezirksgericht Irdning, 1951.

Hochschule für Musik in Berlin. Dieser hatte bei Hans von Bülow und Carl Tausig gelernt, die beide Schüler von Franz Liszt waren[76].

Kempff war seit 1930 ein Freund Hilde Langer–Rühls[77]. Auch er war mehrere Jahre hindurch nach Langballigau zu Clara Schlaffhorst und Hedwig Andersen gereist, um „sich durch unser Schwingen zu regenerieren[78]“. Seine Familie mit den vielen Kindern begleitete ihn dabei und lebte den dortigen Tages- und Unterrichtsrhythmus mit.

Gemeinsam mit Edwin Fischer, Max Schillings, Eugen d' Albert, Georg Kulenkampff und Georg Schünemann hatte Kempff in seiner Vaterstadt Potsdam das Deutsche Musikinstitut für Ausländer gegründet[79]. Wie weiter oben berichtet, hatte er Hilde Rühl für die von diesem Institut organisierten Meisterkurse pianistisch vorbereitet.

Kempff stellte für Hilde zweimal „als Musikpädagogin von seltenen Qualitäten nur das beste Zeugnis aus[80]“: eines 1949 und eines 1962. Wie weiter oben erwähnt leitete sie für einige Jahre den Anfangsunterricht seiner „zahlreichen Kinder[81]“. Bemerkenswerter und kluger Weise ließ sie sich von vielen ihrer Schüler oder deren Eltern Zeugnisse und Bestätigungen über ihre Unterrichtstätigkeit ausstellen[82]. In ihnen sind Zeiträume der Lehrzeiten, Erfolge der Schüler, Hauskonzerte oder Wettbewerbe detailliert und lobend aufgeführt - eine sehr geeignete Möglichkeit, eine freiberufliche Tätigkeit nachvollziehbar und glaubhaft zu machen. Gleichzeitig ließ sie sich aber auch den Unterricht, den sie selbst bei Wilhelm Kempff, Eduard und Irene Erdmann oder Ilse Töpfer genossen hat, schriftlich bestätigen[83] – eine umsichtige Dokumentation von allen nicht – institutionalisierten Ausbildungsschritten.

---

76 Vgl.: www: http://de.wikipedia.org/wiki/Karl_Heinrich_Barth, online im Internet, (22.05.2007).
77 Vgl.: Hilde Langer–Rühl: Brief vom 12. 12. 1930. In Privatbesitz Cornelius Langer.
78 Margarethe Ottmer in: Chronik der Schule Schlaffhorst-Andersen. Hrsg. Heidi Noodt F.X. Stückle, Ettenheim 1994, S.125.
79 Vgl.: Wilhelm Kempff: Freunde und Schüler. In: Dank an Edwin Fischer, F.A. Brockhaus Verlag, Wiesbaden 1963, S.129.
80 Wilhelm Kempff: Zeugnis für Hilde Langer–Rühl. Thurnau 1949; Berlin 1962.
81 Ebd.
82 Vgl.: Beispielsweise von Dr. Sepp Kopetztky, Irdning am 4.5. 1966, von Leopold Schuster, Irdning am 3. Mai 1966, Hermine Stolla, Irdning 3. Mai 1966.
83 Vgl.: Zeugnisse für Hilde Langer–Rühl von Ilse Töpfer Berlin, 1962; Eduard Erdmann, Langballigau 1949; Irene Erdmann, Langballigau 1962; Wilhelm Kempff, Thurnau 1949.

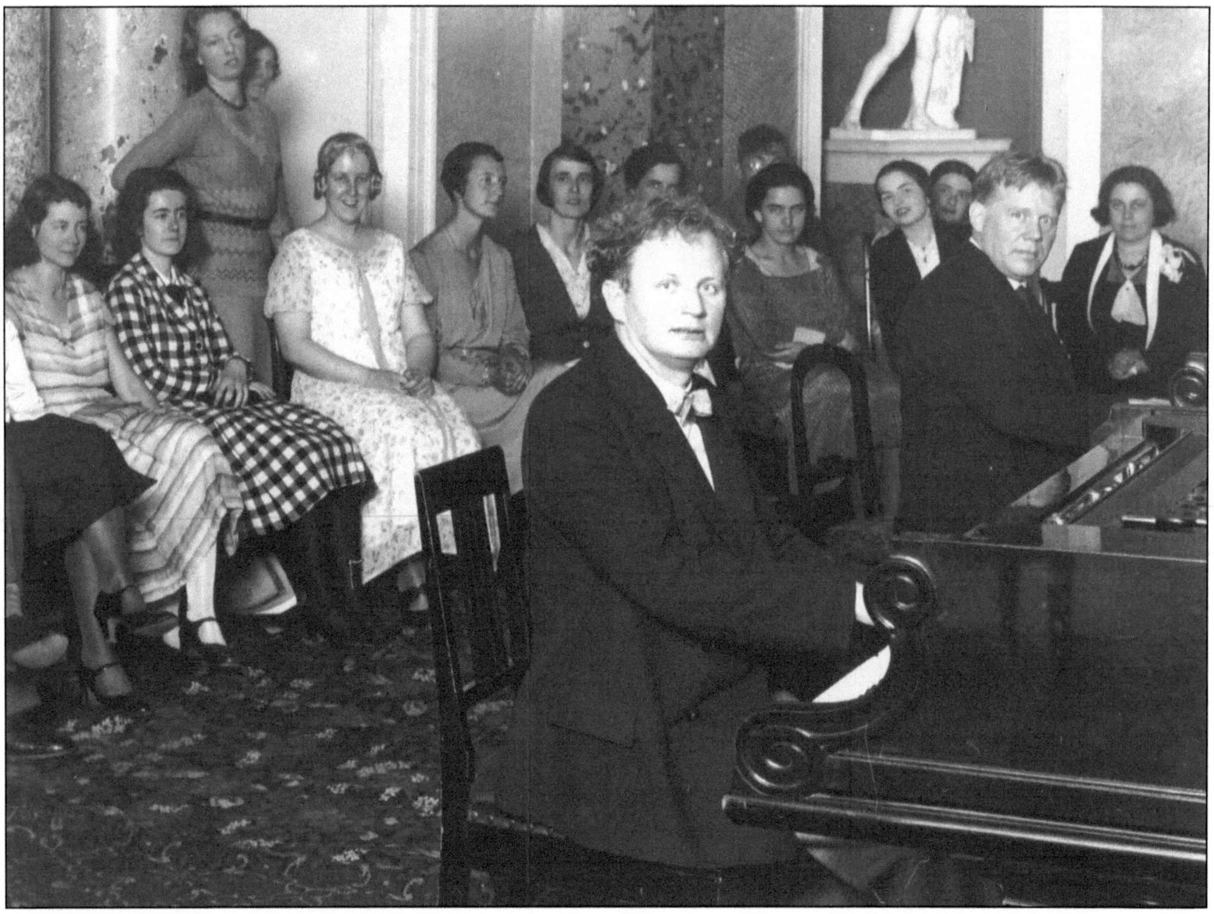

Wilhelm Kempff und Edwin Fischer beim Unterricht während der Sommerkurse 1931 des "Deutschen Musikinstituts für Ausländer" im Marmorpalais Potsdam; Hilde Rühl im karierten Kleid

3.2. Eduard Erdmann, der Bogenspezialist

„Erdmann lehrte, daß der musikalische Aufbau, das Verdichten der Spannung und ihr Lösen in der Gesamtentwicklung des Werkes ***eine Einheit bilden mit der sie umwandelnden Spielbewegung****. Nur so ist die „Ganzheit" nicht nur eine musikalische und philosophische Idee, sondern wird eine Realität*[84]*."*

Hilde Langer–Rühl erhielt mehrere Jahre lang Unterricht bei Eduard Erdmann (1896 bis 1958) in seinem Haus in Langballigau in Schleswig-Holstein an der Ostsee.

84 Hilde Langer–Rühl: Eduard Erdmann als Pädagoge. In: Begegnungen mit Eduard Erdmann. Agora Darmstadt, 1972, S.204.

Zusätzlich arbeiteten sie im Sommer 1936 bis 1939 und auch 1941 einmal wöchentlich sowie 1942 vier Wochen lang beim oben beschriebenen Meisterkurs in Potsdam zusammen[85]. In ihrem Lebenslauf gibt sie an, dass sie mit Eduard Erdmann gemeinsam in dieser Zeit

> *„die durch die ATEMSCHULUNG veränderten technischen und künstlerischen Voraussetzungen für einen produktiven Klavierunterricht[86]"*

erarbeitete.

Eduard Erdmann war Pianist und Komponist. Von seinen Biographen wird neben seinen besonderen pianistischen Fähigkeiten seine herausragende menschliche Persönlichkeit hervorgehoben[87]. Erdmann unterrichtete mit höchster Genauigkeit und Hingabe. Es war ihm wichtig, dass seine Schüler ganz bewusst spielten, das heißt, sie mussten genau wissen, wie der Urtext verlief, jedes Detail lesen und kennen, den harmonischen Aufbau, die Form und Ähnliches[88]. Diese Achtsamkeit und Kompetenz beim Aneignen des Werkes forderte er, damit der Wille des Komponisten stets möglichst genau wiedergegeben werden konnte.

Abgesehen von dieser intellektuellen Zugangsweise zur Musik lag der Schwerpunkt seines Unterrichts im Vermitteln der Verbindung von Bewegung und Klang durch eine bewusste körperlich getragene Phrasierung und Bogenführung.

Anlässlich seines zehnten Todestages am 21. Juni 1968 erschien das Buch „Begegnungen mit Eduard Erdmann", eine Sammlung von Texten von „Freunden, Schülern und Verehrern[89]". Auch Hilde Langer–Rühl hat hierfür einen Artikel verfasst: „Eduard Erdmann als Pädagoge[90]". Bei der Lektüre der verschiedenen Beiträge des Buches ist leicht zu erkennen, dass sie durch ihren zusätzlichen Beruf als Atem- und Bewegungslehrerin den Schwerpunkt weitaus mehr auf die körperlichen Inhalte seiner Klaviertechnik gelegt hat als es in den Texten der konzertierenden Pianisten

---

85 Vgl.: Eduard Erdmann: Zeugnis für Hilde Langer–Rühl. Langballigau 1949.
86 Hilde Langer–Rühl: Lebenslauf Ao. Prof. Hilde LANGER–RÜHL. Wien, März 1981.
87 Vgl.: Hans Ornstein: Die Kölner Jahre 1925 – 1934. In: Begegnungen mit Eduard Erdmann. Agora Darmstadt, 1972, S.89, ebenso Astrid Schmidt-Neuhaus: Der Lehrer als Schüler. Ebd., S.207.
88 Vgl.: Hilde Langer–Rühl: Eduard Erdmann als Pädagoge. In: Christof Bitter und Manfred Schlösser (Hrsg.): Begegnungen mit Eduard Erdmann. Agora Darmstadt, 1972, S.203.
89 Ebd., S.6.
90 Ebd., S.199 bis 2006.

oder reinen Klavierpädagogen der Fall ist Ihrem Beitrag ist Folgendes zu entnehmen[91].

Die Erdmannsche Klaviertechnik geht von der Beobachtung aus, dass je nach Stellung des Handgelenks unterschiedliche Muskelgruppen im Unterarm zur Mitarbeit gefordert werden. Daher darf das Handgelenk auch bei besonders schwierigen Passagen immer nur seitlich nachgeben, nie in der Auf- oder Abwärtsrichtung. Sobald das Handgelenk nämlich höher steht als die Hand selbst, endet laut Erdmann die Unterstützung des Armgewichtes durch die Rückenmuskulatur und die inneren Muskeln. Denn in dieser Lage wird es unmöglich, die Armbewegung vom Körperzentrum her zu führen.

Für Erdmann gilt, dass die Qualität des Klavierspieles untrennbar mit der Qualität der Spielbewegungen verbunden ist[92]. Unwillkürliche Reflexbewegungen im Körper sollen als Grundlage eines differenzierten Anschlags und einer elastischen Klaviertechnik für das Spiel dienen[93]. Der Bewegungsfluss darf nie unterbrochen werden, was im ganz langsamen Tempo eben eine ganz langsame Bewegung bedeutet. Die musikalische Bogenführung wird so zu einem „liebevollen Nachtasten des Bogens durch die ihm entsprechende Bewegung[94]."

Um das Gefühl von Bögen in der Musik herzustellen, könnte man den Phrasenanfang betonen oder sein Ende verkürzen, wie es oft als typischer Zugang zu „musikalischem Spiel" gelehrt wird. Diese groben, plakativen Mittel der Gestaltung wurden von Erdmann aber abgelehnt. Er fasste die Bögen „durch sorgfältig ausgeführte Handgelenk- und Armbewegungen zusammen, durch sein berühmtes `Bogenspiel´[95]".

Diese an der Phrase als eigentlichem Träger der Musik orientierte Musizierweise war durch Erdmanns Art des Einsatzes des Metronoms gut zu erkennen: Einerseits forderte er mit großer Strenge die feste Bindung an Tempovorgaben des Komponisten, andererseits spielte er selbst zu diesen Anweisungen in einer Weise, dass kaum ein Schlag seiner Musik mit dem Schlag des mechanischen Taktgebers

---

91 Vgl.: Ebd. Das folgende Teilkapitel nützt großen Teils diesen Beitrag als Quelle.
92 Vgl.: Ebd., S.199.
93 Vgl.: Ebd., S.201.
94 Ebd., S.199.
95 Jürgen Klodt: Klavierkurs 1957. In: Begegnungen mit Eduard Erdmann. Agora Darmstadt, 1972, S.223f.

tatsächlich im Einklang war. Übereinstimmung gab es „immer jedoch an ausgezeichneten Stellen der melodischen Linie, an Höhe- und Wendepunkten, am Ende[96]"- also eigentlich nur im gleichen übergeordneten Atemtempo.

Hilde Langer–Rühl erlebte die Arbeit bei Eduard Erdmann auf folgende Weise:

> *„Das werkgetreue Arbeiten, die Identifizierung des Autographs mit dem Bewegungsablauf, durchglüht von liebevoller Einfühlung in die Musik, die hinter den Noten steht, ergibt eine Einheit von Bewegung, Denken und Fühlen, die sich in einer klaren, überzeugenden Interpretation manifestiert. Man verwandelt sich durch die besondere Erdmannsche Art zu arbeiten mehr als nur intuitiv in das Wesen des Komponisten: man geht gleichsam den umgekehrten Weg auch physisch wieder zurück – in die innere Bewegung, die bei jedem schöpferischen Akt entscheidend ist. Auch der musikalische Instinkt wird wach und verfeinert[97]."*

Artikulation und Phrasierung, musikalischer Aufbau, Spannung und Lösung innerhalb des Werkes sollen mit der Spielbewegung eine Einheit bilden. So wird aus der musikalischen und philosophischen Idee der Ganzheit eine hör- und fühlbare Realität[98].

Gab es bewegungstechnische Feinheiten zu behandeln, so wurden sie dem Interessierten durch erfahrenere Schüler erklärt. Am zweiten Tag seiner Kurse hielt Erdmann jeweils eine „Bogenrede", in der die für ihn unendlich große Bedeutung und Wichtigkeit dieses Themas angesprochen wurde. Er stellte sodann klar, dass natürlich mit den Fingern zu spielen sei, nicht mit Hand und Arm, wie es in gewissen anderen klaviertechnischen Theorien gefordert werde.

Zum Einfluss Erdmanns auf Hilde Langer–Rühls Klaviertechnik berichtet der Pianist und heutige Lehrgangsleiter Bernhard Riebl:

> *„Im Unterricht Hilde Langer–Rühls wurde Eduard Erdmann laufend zitiert, sobald es um die integrative Potenz der Hand ging. Hierbei war die kleine, zentrierte Hand das Grundprinzip. Die Hand sammelt sich, indem sich der Daumen dem Mittelfinger annähert und dadurch ein Zentrum in der Hand*

---

96 Ebd.
97 Ebd., S.204f.
98 Vgl.: Ebd., S.204.

entsteht, das in Hand, Arm, Schulter und bis in den Zwerchfellbereich hinein spürbar ist.

Spielt man einen Ton von dieser so gefundenen `kleinen Hand´ aus, so lässt sich das Bewegungsgefühl auf alle anderen Finger unschwer übertragen: Damit auch der schwächere Ring- und der Kleinfinger einbezogen werden, geht der Daumen immer zum spielenden Finger hin.

Das von Carl Philipp Emanuel Bach und Carl Czerny gelehrte Prinzip der `fallenden Finger´ wird hier sozusagen umgekehrt, und statt der Fingeraktivität an sich wird der Kontakt von Körper und Instrument, Fingerspitze und Handführung in Sammlung wichtig. Welcher Finger schließlich die Taste anschlägt, ist dann irrelevant.

Für diese Technik der gesammelten Hand ist jedoch auch die sorgfältige Ausbildung der einzelnen Finger unerlässlich. Die Fingerspitze jeden einzelnen Fingers muss hier sehr `fühlig´ sein, um die Energie zu transportieren."

„Die Bewegungsführung der langen Linie wird manuell, reell mitgeführt, das Zentrum wird mitgenommen, physisch und nicht nur in der Vorstellung realisiert[99]."

Hilde Langer–Rühl formuliert in den „Richtlinien meiner Praxis des Klavierunterrichtes" folgendermaßen:

„So ist z. B. der Finger trotz sorgfältigster Ausbildung nur ein Teil des Ganzen, das spielt, und darf nie selbstherrlich werden. Auch die kleinste und feinste Bewegung muß durchgehen[100]."

---

99 Bernhard Riebl: Gespräch in Wien. 22. September 2005.
100 Hilde Langer–Rühl: Richtlinien meiner Praxis des Klavierunterrichtes. oO, 1953, S.4.

3.3. Irene Erdmann, die Spezialistin für Armtechnik

„Frau Langer–Rühl erfaßte die technischen Probleme mit Interesse und Intelligenz und erarbeitete sich rasch eine elastische, auf natürlich-gesunder Grundlage basierende Spielweise[101]*.“*

Hilde Langer–Rühl hatte während ihrer Zeit als Schülerin von Eduard Erdmann auch die Gelegenheit, mit seiner Ehefrau Irene Erdmann (1896 - 1978), geborene von Willisch, zu arbeiten. Diese galt als „Armtechnikspezialistin[102]“, deren Klaviertechnik so hervorragend war, dass sie als eigentlich kleine und schmächtige Person schon vor ihrer Ehe vom Pianisten Eduard Erdmann um Unterweisung in Akkord- und Oktavspiel gebeten worden war, das ihn selbst stark ermüdete. Sie arbeitete sehr körperbezogen mit ihm mit großem Erfolg[103]. Hilde Langer–Rühl erhielt auch bei ihr Unterricht und sie feilten gemeinsam an den Besonderheiten einer Klaviertechnik, die Impulse und Erkenntnisse aus der Atem- und Bewegungsarbeit von Clara Schlaffhorst und Hedwig Andersen berücksichtigt.

---

101 Irene Erdmann: Zeugnis für Hilde Langer–Rühl. Langballigau, 4.1.1962.
102 Astrid Schmidt-Neuhaus: Der Lehrer als Schüler. In: Begegnungen mit Eduard Erdmann. Agora Darmstadt, 1972, S.208.
103 Vgl.: Irene Erdmann: Die Mama stirbt. In: Begegnungen mit Eduard Erdmann. Agora Darmstadt, 1972, S.304f.

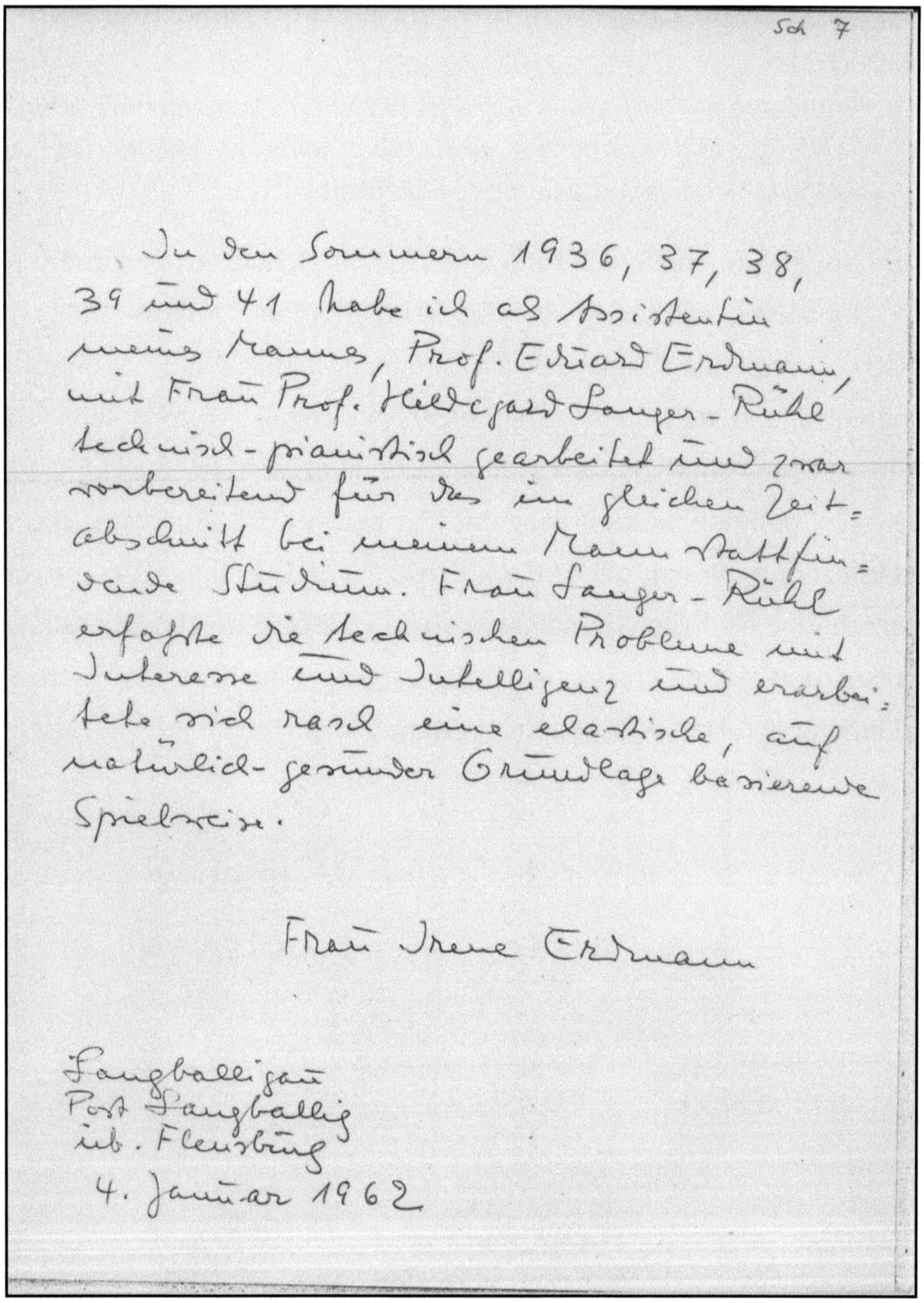

Sch 7

In den Sommern 1936, 37, 38, 39 und 41 habe ich als Assistentin meines Mannes, Prof. Eduard Erdmann, mit Frau Prof. Hildegard Langer-Rühl technisch-pianistisch gearbeitet und zwar vorbereitend für das im gleichen Zeitabschnitt bei meinem Mann stattfindende Studium. Frau Langer-Rühl erfaßte die technischen Probleme mit Interesse und Intelligenz und erarbeitete sich rasch eine elastische, auf natürlich-gesunder Grundlage basierende Spielweise.

Frau Irene Erdmann

Langballigau
Post Langballig
üb. Flensburg
4. Januar 1962

Zeugnis von Irene Erdmann für Hilde Langer-Rühl

„In den Sommern 1936, 37, 38, 39 und 41 habe ich als Assistentin meines Mannes, Prof. Eduard Erdmann, mit Frau Prof. Hildegard Langer-Rühl technisch-pianistisch gearbeitet und zwar vorbereitend für das im gleichen Zeitabschnitt bei meinem Mann stattfindende Studium. Frau Langer-Rühl erfaßte die technischen Probleme mit Interesse und Intelligenz und erarbeitete sich rasch eine elastische, auf natürlich-gesunder Grundlage basierende Spielweise.

Frau Irene Erdmann

Langballigau, Post Langballig, üb. Flensburg,4. Januar 1962“

3.4. Edwin Fischer, der Meister

> *„`Wenn Ihr spielt, das muß durchgehen, beim großen Zeh müsst Ihr anfangen!´ Die Realisierung dieser Forderungen ist mein Lebenszweck und Lebenssinn geworden[104].“*

Hilde Rühl lernte Edwin Fischer in Potsdam anlässlich der Musiktage für Ausländer kennen und erhielt dort bei ihm Klavierunterricht.

Auch Edwin Fischer (1886 – 1960) war als Schüler von Martin Krause (1953 bis 1918) sozusagen ein „Enkelschüler“ Franz Liszts[105]. Seine Bedeutung für die junge Pianistin ist wohl kaum hoch genug einzuschätzen.

> *„Also seid persönlich, seid subjektiv, erkennt Eure eigene Natur, Euren Rhythmus, erfühlt und erfüllt Euch selbst. In einer nur objektiven Darstellung spricht das Kunstwerk nicht zu den Menschen, und Ihr weckt mit einer solchen keine auch in anderen schlummernden Talente. Eigentlich ist Objektivität ein Nonsens, denn was nicht durch meine Sinne, durch meinen Geist gegangen ist, existiert nicht, ist nicht[106].“*

Hilde Langer–Rühl verwendet Zitate Edwin Fischers wiederholt als Motto oder als Schlusssatz in ihren Schriften: „Du sollst mit Deinem ganzen Menschen musizieren[107]!“ Auch der eingangs zitierte Satz [108]“ wurde in ihren Veröffentlichungen, aber auch beim Unterrichten immer wieder eingefügt. Der Bratschist Dietmar Flosdorf[109] erhielt von ihr Edwin Fischers Büchlein „Musikalische Betrachtungen[110]“ geschenkt, welches ihn bis heute begleitet.

> *„Wir atmen meist alle nur ein. Wir müssen lernen auszuatmen, das ist, was beglückt. Musikalisch atmen: Das geben, was in Ihnen ist. Nicht bloß einziehen! Mozart spielen heißt: Ausatmen[111]!“*

---

104 Hilde Langer–Rühl: Einführungsvortrag zum 2. Film. Wien, 8.3.1981, S.2.
105 Vgl.: www: http://de.wikipedia.org/wiki/Martin_Krause, online im Internet, (22.07.2007).
106 Edwin Fischer: Ansprache vom 2. Juni 1939 bei Eröffnung der Meisterkurse des Deutschen Musikinstituts für Ausländer in Potsdam. In: Dank an Edwin Fischer. Hrsg. Hugo Haid. Brockhaus Wiesbaden 1961, S.60f.
107 Hilde Langer–Rühl: Zusammenstellung für München. oO, 1983, S.1.
108 Hilde Langer–Rühl: Zwerchfelldynamik und Wirbelsäule beim Atmen, Singen und Musizieren. oOoJ, S.49.
109 Zu Dietmar Flosdorf: siehe vorliegende Arbeit, Kapitel 7.2.4.
110 Edwin Fischer: Musikalische Betrachtungen. Insel Verlag, Oberursel, Taunus, 1949.
111 Edwin Fischer, zitiert in: Auszüge aus einem Stenogramm des Meisterkursus Potsdam 1936, von Paul Reuschel. In: Dank an Edwin Fischer, F.A. Brockhaus Verlag, Wiesbaden 1963, S.73.

3.5. Schlaffhorst-Andersen und ihre Atemlehre

> *„Schlaffhorst hat immer gepredigt: Keine Macht der Welt kann Ihnen die Stimmbänder zu der Tonhöhe einspannen, nur das innere Ohr. Und da hat sie Recht. Keine Macht der Welt kann Ihnen den Kehlkopf tief stellen als nur das Zwerchfell. Das waren ihre beiden Thesen. Vollkommen richtig. Ich bin ja so glücklich, dass wir alles bewiesen haben, was sie behauptet hat[112].“*

Die Sängerin Clara Schlaffhorst (1863 bis 1945) und die Pianistin Hedwig Andersen (1866 bis 1957) hatten beide große Probleme beim Singen bzw. Atmen. Die Freundinnen therapierten sich mit Hilfe der Atemlehre des Deutsch-Amerikaners Leo Kofler; einen Teil seines Buches „Die Kunst des Atmens[113]“ übersetzten sie aus dem Englischen ins Deutsche. Gemeinsam entwickelten sie auf dieser Grundlage ihre Methode der Atem-, Sprach- und Stimmtherapie und begannen ab 1910, sie in Berlin an Interessierte weiterzugeben. Vier Jahre später gründeten sie in Rothenburg / Fulda ihr erstes Ausbildungszentrum, das später (1926 bis 1942) nach Hustedt / Südheide und dann nach Seefeld / Pommern (1942 bis 1945) verlegt wurde. Ihre Arbeit wurde nach ihrem Tode von Schülerinnen fortgesetzt. Seit 1984 wird die Methode in Bad Nenndorf in der Schule Schlaffhorst-Andersen gelehrt, deren Ausbildung mit dem Titel „Staatlich geprüfter Atem-, Sprech- und Stimmlehrer(in)“ abschließt[114].

Während der Studienzeit bei Wilhelm Kempff weilte Hilde Rühl auf Anraten ihres Kompositionslehrers Otto Volkmann für drei Jahre (von 1932 bis 1935 bzw. 36, s.o.) bei Clara Schlaffhorst und Hedwig Andersen in Hustedt. Die Beschäftigung mit Atem und Stimme war eigentlich als Ausgleich zur intensiven pianistischen Ausbildung vorgesehen gewesen. Bald jedoch unterbrach Hilde Rühl ihre beginnende Berufslaufbahn als Pianistin, um sich ganz der Atemschulung zu widmen. Sie wurde Ausbildungsschülerin in Hustedt und erarbeitete gemeinsam mit Hedwig Andersen, die wie auch Wilhelm Kempff eine Schülerin des Pianisten Karl Heinrich Barth (1847

---

112 Kassette Schwertsik, Langer Rühl. Wien, 1981.
113 Leo Kofler: Die Kunst des Atmens. Bärenreiter, Kassel 1952.
114 www: http://de.wikipedia.org/wiki/Methode_nach_Schlaffhorst_und_Andersen, online im Internet (22.05.2006).

bis 1922) in Berlin gewesen war, einen „Schulungsweg für Pianisten auf Grund der Atemerziehung[115]".

Diese Beschäftigung mit der Atemschulung wurde von Hilde Langer–Rühl als Weg „in die medizinische Welt[116]" gewertet. Sehr wichtig war ihr diesbezüglich die Betonung des Umstandes, dass sie von Clara Schlaffhorst selbst den Auftrag erhalten habe, „diesen Weg vor allem für die MUSIKER weiterzuführen[117]", und ebenfalls, die Konsequenzen ihrer Atem-, Stimm- und Bewegungsschulung auf das Klavierspiel zu übertragen[118].

Diese Autorisierung ist nicht ganz eindeutig nachvollziehbar: Prospekte der Schule Schlaffhorst-Andersen aus dem Jahr 1949 listen alle Lehrkräfte auf, die zu dieser Zeit - mit Erlaubnis der Gründerinnen - in Schulen, Zweigschulen oder selbstständig arbeitend als Atemlehrer und Atemlehrerinnen nach Schlaffhorst-Andersen tätig waren[119]. Interessanter Weise sind weder Ilse Töpfer, die als ehemalige Lieblingsschülerin und Assistentin bei den zwei alten Damen in Ungnade gefallen war[120], noch Hilde Langer–Rühl hier angeführt. Letztere gibt aber in einer eigenen Schrift[121] an, von Clara Schlaffhorst zur Weitergabe ihres Wissens gebeten und autorisiert worden zu sein. Ilse Töpfer bescheinigt auch, dass Hilde Langer–Rühl „von den Leiterinnen als eine der begabtesten Schülerinnen geschätzt wurde[122]", aber über eine Lehrbefugnis äußert sie sich nicht. Und Waltraud Seyd erinnert sich: Von den

> *„Enkelschülern [...] erhielten nur Ilse Lowes und Waltraud Seyd die Unterrichtserlaubnis von Clara Schlaffhorst und Hedwig Andersen im Jahre 1943[123]."*

In Hustedt lernte Hilde Langer–Rühl, die Atemfunktionen mit Hilfe von Atem- und Stimmübungen sowie Bewegungsübungen und auch durch Massage anzuregen.

---

115 Hilde Langer–Rühl: Atemarbeit in der Musikerziehung. In: Atem. Die Zeitschrift für Atempflege Massage Entspannung Moderne Gymnastik. 14. Jhg., 2/1972, S.25.
116 Hilde Langer–Rühl: Zwerchfelldynamik, Atemführung und Körperhaltung beim Musizieren. Vortrag zu den Filmen 1 und 2. Wien, Feber 1982, S.2.
117 Ebd.
118 Vgl.: Hilde Langer–Rühl: Kann man atmen lernen. Wien, oJ, S.1.
119 Vgl.: Prospekt 1949 in: Chronik der Schule Schlaffhorst-Andersen. Hrsg. Heidi Noodt, F.X. Stückle, Ettenheim 1994, S.202f.
120 Vgl.: Margarethe Ottmer: Schule Schlaffhorst – Andersen für Atem-, Sprech- und Gesangskunst 1926 bis 1942 Hustedt bei Celle. In: Chronik der Schule Schlaffhorst-Andersen, Hrsg. Heidi Noodt, F.X. Stückle, Ettenheim 1994, S.115.
121 Vgl.: Hilde Langer–Rühl: Zwerchfelldynamik, Atemführung und Körperhaltung beim Musizieren. Vortrag zu den Filmen I und II. Wien, 28.2.1982, S.2.
122 Ilse Töpfer: Bescheinigung für Hilde Langer–Rühl. Berlin, 1962.
123 Waltraud Seyd: Clara Schlaffhorst - Erinnerungen von Waltraud Seyd. In: www: http://www.schlaffhorst-andersen.net/html/biogr.htm, online im Internet (22.2.2008)

Wichtigstes Ziel war, die Grundfunktion eines natürlichen Atemrhythmus wieder anzuregen: den „Rhythmus von Kontraktion, Streckung und Pause[124]".

> *„Wenn wir auf einer Wanderung oben am Berg angekommen sind und plötzlich eine herrliche Aussicht haben, breiten wir die Arme aus, während wir unwillkürlich tief dabei einatmen. Wenn wir dann die Arme senken, atmen wir aus. Genau so muss jedes Heben und Senken eines Gliedes in die Atmung eingeordnet sein[125]."*

Diese Rückführung zur natürlichen Atemfunktion soll nicht dadurch geschehen, dass genaue Anleitungen gegeben werden, wann und wie tief ein- oder auszuatmen sei. Vielmehr wird der Umstand genutzt, dass der Einsatz der Stimme während der Ausatmungsphase an deren Ende ganz unwillkürlich und von selbst eine reflektorische Einatmung auslöst.

Wenn nun gleichzeitig zusätzlich gewisse Bewegungsübungen ausgeführt werden, so wird dadurch die Ausatmung weiter vertieft. Die Lunge entleert sich ausreichend, das Zwerchfell spannt langsam ab und es ergibt sich ganz harmonisch eine Ruhepause im Atmungsapparat. Durch diese Vorbereitung wird

> *„der Impuls gegeben für eine bis an die Peripherie gehende Zusammenziehung des Zwerchfells mit verzehnfachter Sauerstoffzufuhr bei der Einatmung[126]."*

Schlaffhorst und Andersen empfehlen:

> *„Im allgemeinen muß jede Bewegung, die den Brustkorb erweitert, mit einer Einatmung, jede, die ihn zusammendrückt, mit Ausatmung verbunden sein [...][127]."*

Auch Hilde Langer–Rühl lernte, die unterschiedlichsten Bewegungen mit der Atmung in Einklang zu bringen. Sie erklärt den Grundsatz für die Koordination von Atem und Bewegung folgender Maßen: Jede Hebebewegung, jedes Bewegen zum Körper hin sollte gemeinsam mit der unwillkürlichen Einatmung geschehen und jede Streckung mit der Ausatmung. Dies gilt nicht nur für die Grobmotorik, sondern schon bei der kleinsten Aktion:

---

124 Hilde Langer–Rühl: Atem und Stimme als Helfer zur Persönlichkeitsentfaltung und Gesundheit. In: Atem. Die Zeitschrift für Atempflege – Massage - Entspannung Moderne Gymnastik. 11. Jahrgang, Heft 2/ 1969, S.21.
125Ebd., S.22.
126 Clara Schlaffhorst und Hedwig Andersen: Atmung und Stimme. Möseler Verlag, Wolfenbüttel, 1928, S.18.
127 Ebd., S.22.

> *„Wenn er die Finger seiner Hand streckt, atmet er aus, das Zurücknehmen in die Krümmung läuft parallel der Einatmung*[128]*.“*

Die Koordination von Atmung und Bewegung spielte im Hustedter Alltag eine große Rolle. So galt beispielsweise beim Essen: Das Anheben der Gabel oder des Butterbrotes erfolgt richtiger Weise mit der Einatmung durch die Nase. Während des Kauens freie Ein- und Ausatmung, (mit auf dem Teller ruhender Gabel[129]), Einatmen vor dem Herunterschlucken, da sich dabei Zwerchfell und Kehlkopf senken und die Speiseröhre sich so besser dehnen kann. Nach dem Schlucken wird ausgeatmet[130].

> *„Frau Schlaffhorst beobachtete beim Einschenken der Mehl- oder Haferschleimsuppe reihum den Bewegungsablauf, der die Atmung nicht stören, sondern im Gegenteil anregen sollte*[131].“

Eine andere Zuordnung von Atem und Bewegung forderte, dass ein ganzkörperliches Rückwärtsschwingen immer mit der unwillkürlichen Einatmung gemeinsam, das Vorschwingen während der Ausatmung erfolgen solle[132].

Clara Schlaffhorst lehrte so den Einsatz verschiedener Spannungsgrade zwischen Abspannung und Spannung, welche in harmonischer Zusammenarbeit die Lockerheit ergeben. Eine gesunde Kraft sollte aufgebaut und mit kraftvoller Elastizität gegangen, gelaufen, bewegt werden[133]. Insgesamt gesehen setzte sie aber den Begriff „Entspannung“ gleich mit „Schlaffheit“, gegen die sich all ihre Übungen wandten.

Die von ihr und Hedwig Andersen entwickelten so genannten „fünf Regenerationswege[134]“ zur Wiederherstellung der physiologisch gesunden Körperfunktionen waren

- kreisende Bewegungen

---

128 Hilde Langer–Rühl: Atem und Stimme als Helfer zur Persönlichkeitsentfaltung und Gesundheit. In: Atem. Die Zeitschrift für Atempflege – Massage - Entspannung Moderne Gymnastik. 11. Jahrgang, Heft 2/ 1969, S.22.
129 Vgl.: Waltraud Seyd: Helferzeit bei Clara Schlaffhorst und Hedwig Andersen in Hustedt/ Celle. In: Chronik Schlaffhorst/ Andersen, S.140.
130 Vgl.: Hilde Langer–Rühl: Atem- und Bewegungshilfe für Alternde. In: Atem- die Zeitschrift für Atempflege. 8. Jahrgang, Heft 2/1966, S.18.
131 Waltraud Seyd: Helferzeit bei Clara Schlaffhorst und Hedwig Andersen in Hustedt/ Celle. In: Chronik Schlaffhorst/ Andersen, S.138.
132 Vgl.: Hilde Langer–Rühl: Atemarbeit in der Musikerziehung. In: Atem- die Zeitschrift für Atempflege. 14. Jahrgang, Heft 2/ 1972, S.26f.
133 Vgl.: Waltraud Seyd: Helferzeit bei Clara Schlaffhorst und Hedwig Andersen in Hustedt/ Celle. In: Chronik der Schule Schlaffhorst/ Andersen, Hrsg. Heidi Noodt, Ettenheim, 1994, Seite 139.
134 Margarete Saatweber: Atmung und Bewegung – Schule Schlaffhorst-Andersen. Vortrag beim 4. Symposium „Ganzheitliche Körperarbeit - ein psychosomatischer Ansatz in der Physiotherapie“. Mai 2001 in München, veröffentlicht in: Krankengymnastik - Zeitschrift für Physiotherapeuten 1/2002, Richard Pflaum Verlag, München, S.7.

- schwingende Bewegungen,
- rhythmische Bewegungen,
- das Atmen und
- das Tönen.

Hilde Langer–Rühl wandte diese Techniken später auch in ihrem Unterricht an. Da aber das Kreisen und Schwingen sehr kraftaufwändig für den Lehrer sind, nützte sie diesen Weg im Lauf der Jahre immer weniger: Im Film „Zwerchfelldynamik beim Atmen, Singen und Musizieren" kann man sie noch beim Schwingen mit Peter Doss sehen.

Zweimal wöchentlich hatten die Schüler Unterricht bei Clara Schlaffhorst.

> *„Es wurde auf die unwillkürliche Einatmung geachtet – auf elastische, genaue Ausatmungen – auf unverkrampfte Arm- und Beinbewegungen – auf ein gelöstes Vor- und Rückwärts-Schwingen über der Fußsohle – auf ein ebensolches Kreisen mit Kopf, Armen und Beinen – und allmählich wurde zu Widerstandsübungen zwischen Lehrer und Schüler angeleitet und immer wieder darauf geachtet, dass Atmung und Bewegung leicht, mit gutem Ablauf von Spannung, Streckung und Lösung vor sich gingen[135]."*

Zum Geburtstag der Schüler verschenkte Clara Schlaffhorst Röntgenbilder ihres eigenen Brustkorbes. Hilde Langer–Rühl zeigte 1983 in einem Vortrag dann tatsächlich die Lungenaufnahmen der 70jährigen Clara mit folgendem Kommentar:

> *„Welch schöne spannfähige ZWERCHFELLFLÄCHE bei der EINATMUNG, bei einem birnenförmigen großen HERZEN – vorbildlich[136]!"*

---

135 Margarethe Ottmer: Schule Schlaffhorst–Andersen für Atem-, Sprech- und Gesangskunst 1926 bis 1942 Hustedt bei Celle. In: Chronik der Schule Schlaffhorst/ Andersen, Hrsg. Heidi Noodt S.121f.
136 Hilde Langer–Rühl: Vortrag für den 23. April 1983 in München, Gesangslehrertagung. oO, S.7.

4. Hintergründe der Arbeit Hilde Langer–Rühls

„Die Ursache der Fehlleistungen beim Musizieren ist dem entsprechend oft nicht ein Mangel an Begabung, sondern eine Störung der harmonischen Zusammenarbeit von musikalischer Auffassung, technischem Können und richtigem physiologischen Ablauf der Verbindung von Atmung und Muskulatur[137].“

In diesem Kapitel mit seinen Unterkapiteln werden fast ausschließlich von Hilde Langer–Rühl selbst verfasste Unterlagen verwendet oder zitiert. Diese spiegeln wider, welches Gedankengut und Wissen Grundlage ihrer Überlegungen, Überzeugungen und Forderungen bildete.

Dabei muss man sich natürlich dessen bewusst sein, dass diese Texte schon mehrere Jahrzehnte alt sind und sicher nicht den heutigen Ansprüchen an Wissenschaftlichkeit entsprechen. Hilde Langer–Rühl wählte aus partiellem Wissen gezielt aus und setzte alles Nötige dafür ein, eigene Thesen oder Theorien zu untermauern. Man darf auch nicht vergessen, dass sie trotz allen Engagements nicht Medizinerin oder Physiologin, sondern in erster Linie Musikerin und Atemlehrerin war, und muss entsprechend an mancher Stelle relativieren, was für sie eine „medizinisch erwiesene“ Tatsache gewesen sein mag. Daher wird in keiner Weise der Versuch unternommen, diese Postulate auf ihre medizinisch-physiologische Haltbarkeit oder Aktualität hin zu beurteilen. Lediglich in Kapitel 4.11. wird kurz ein Vergleich mit einigen aktuellen Anforderungen an Körperbildung und Bewegungslernen angestellt.

137 Hilde Langer–Rühl: Vortrag am 26. 11. 1971 anläßlich der Österr. Erstaufführung des Filmes. 21.Nov.1971, oO, S.1.

4.1. Über Stimme und Stimmübungen

„Der wichtigste Helfer für die Erziehung der Atmung ist neben der Körperbewegung die menschliche Stimme. Von der Natur ist sie dazu ausersehen, bei der Ausatmung durch den Sprech- oder Gesangston als regulierendes Ventil zu dienen[138].“

Atmung und Stimme sind untrennbar miteinander verbunden.

Bei der Einatmung spannt sich das Zwerchfell und vergrößert so den Innenraum von Brustkorb und Lunge. Die Luft strömt in Folge durch die Nase ein, wird im inneren Nasenraum gereinigt und erwärmt und streicht dann durch Kehlkopf und Bronchien in die beiden Lungenflügel hinab. Die Stimmritze im Kehlkopf bleibt dabei weit gestellt; die Stimmbänder bilden ein nach hinten offenes V[139].

Für die Ausatmung lässt das Zwerchfell in seiner Spannung nach und steigt schnell auf, wobei die Lunge sich zusammenzieht, um Luft wieder abzugeben. Wird während der Ausatmung allerdings getönt, geschrien oder gesungen, so schließen dafür die Stimmbänder das V und legen sich vibrierend aneinander, um gemeinsam einen Ton zu erzeugen. Sie erhalten ihre Spannung eben durch das Tönen und setzen dem Ausatemstrom einen entsprechenden Widerstand entgegen[140]. Dadurch wird

„die entweichende Luft auf ein kleinstes Maß verringert, beim gesungenen Ton stärker als beim gesprochenen. Deswegen reicht eine einzige Ausatmung beim Singen und Sprechen viel länger, als wenn man stumm ausatmet[141].“

Jeder einzelne Vokal benötigt eine spezielle Führung der Ausatmung. Durch den Atemstrom werden im Körper tönende Vokalschwingungen ausgelöst, welche eine innere Vibrationsmassage für die Bauch- und Brustorgane bewirken[142]:

---

138 Hilde Langer–Rühl: Atem und Stimme als Helfer zur Persönlichkeitsentfaltung und Gesundheit. oOoJ, S.3.
139 Vgl.: Hilde Langer–Rühl: Atem und Stimme als Helfer zur Persönlichkeitsentfaltung und Gesundheit. oOoJ, S.3.
140 Vgl.: Hilde Langer–Rühl: Zwerchfelldynamik, Atemführung und Körperhaltung beim Musizieren, oO, 7.3.1982, S.1.
141 Hilde Langer–Rühl: Atem und Stimme als Helfer zur Persönlichkeitsentfaltung und Gesundheit. oOoJ, S.3f.
142 Vgl.: Hilde Langer–Rühl: Zwerchfelldynamik, Atemführung und Körperhaltung beim Musizieren. Vortrag zu den Filmen I und II. Wien, 7. März 1982, S.4.

Die Stimme

> *„versetzt die ihr zugehörenden Organe, die Bronchien und Lungen, die Resonanzräume des Kopfes und der Brust durch den Sing- oder Sprechton in Schwingung, welche sich durch den ganzen Organismus fortpflanzt[143]".*

Daher kann man von der Stimme aus „den ganzen Körper zu erhöhter Aktivität anregen[144]."

> *„Je klarer und genauer die Vokale artikuliert werden, desto größer ist dieses innere Mitschwingen[145]!"*

Setzt man Konsonanten vor die Vokale, so vergrößert sich die beschriebene aktivierende Wirkung noch. Dazu einen sich besonders die Explosivkonsonanten B, P, D, T, K und G, da sie verstärkte Reflexbewegungen auslösen können, und die Halbklinger und Klinger M, N, NG und W, welche die innere tönende Mitschwingungsfähigkeit intensivieren. Die Konsonanten müssen jeweils auf dem gleichen Ton gesungen werden wie die nachfolgenden Vokale.

Bei einem kranken oder geschädigten Menschen kann das Singen „einen nicht zu unterschätzenden HEILFAKTOR[146]" darstellen. Denn die vollkommen regelmäßigen Schwingungen, die sich beim intensiven gesungenen Ton entwickeln, greifen im Organismus umfassender durch als die unregelmäßigen Schwingungen von gesprochenen Silben und Worten.
Für Hilde Langer–Rühl war klar: „Das ist meßbar, darstellbar und bewiesen[147]!"

Typische Fehler beim Stimmeinsatz, welche sie aus ihrem Unterricht beschreibt, sind:

- Nach Luft schnappen, um zu sprechen oder zu singen, statt eine spannkräftige Einatmungsmuskulatur einzusetzen.
- Sprechen mit schlaffem, hoch sitzenden Zwerchfell führt zu einer verhauchten Stimme: es erklingt „thha" statt „ta" beim Singen. [Der mangelhafte

---

143 Hilde Langer–Rühl: Konzentration und Gleichgewicht der Kräfte bei der künstlerischen Leistung des Musikers. In: Musik-Erziehung. ÖBV Wien, 1975, S.68.
144 Ebd.
145 Hilde Langer–Rühl: Zwerchfelldynamik, Atemführung und Körperhaltung beim Musizieren. Vortrag zu den Filmen I und II. Wien, 7. März 1982, Seite 4.
146 Ebd.
147 Ebd.

Stimmbandschluss wird hier als Folge eines schlechten Zwerchfelleinsatzes, somit als direkte Verbindung zwischen Atemstörung und Stimmstörung gesehen, die Autorin].

- Eine „formlose Stimme, bei der alles von innen nach außen gedrängt wird[148]."
- Sprechen nur aus der Brustresonanz, was hohl klingt.
- Sprechen nur aus der Kopfresonanz, was „abgeklemmt[149]" klingt.

Um ganzheitlich musizieren zu können, muss nicht nur der Sänger, sondern auch der Instrumentalist seinen Körper als erstes Instrument durch Atem- und Stimmerziehung befreien. So lernt er, eine gewisse Einatmungstendenz während des Singens beizubehalten und dadurch das Zwerchfell am ungezügelten Steigen zu hindern[150]. Nach solch einer geführten Ausatmung senkt es sich während der darauffolgenden Einatmung besonders tief[151].

Das Singen von Wortsilben in kurzen Intervallbewegungen und das Singen im Staccato verbessern die Elastizität des Zwerchfells, sodass im Idealfall jede Änderung von Dynamik oder Tonhöhe mit einer Bewegung verbunden ist; einer Spannungsänderung des Diaphragmas[152].

4.2. Über den Atem und die reflektorische Atemergänzung

> *„Die Rückführung zur unwillkürlichen, nicht gemachten Einatmung ist eines der Hauptanliegen meiner Arbeit[153]."*

Das Ziel einer sinnvollen Atemerziehung muss sein, „den Anschluß an die Unmittelbarkeit der Reflexe wiederzufinden, um dadurch die Atmung zu vertiefen[154]." Diese Atemreflexe können auf verschiedene Art und Weise ausgelöst werden:

---

148 Hilde Langer–Rühl: Atem und Stimme als Helfer zur Persönlichkeitsentfaltung und Gesundheit. In. Atem. Die Zeitschrift für Atempflege-Massage-Entspannung Moderne Gymnastik. 11. Jahrgang, Heft 2 /1969, S.22f.
149 Ebd., S.22f.
150 Vgl.: Hilde Langer–Rühl: Forschungsbericht. Wien, Juni 1986, S.1.
151 Vgl.: Hilde Langer–Rühl: Zwerchfelldynamik, Atemführung und Körperhaltung beim Musizieren. Vortrag zu den Filmen 1 und 2. Wien, 28. Feber 1982, S.3.
152 Vgl.: Hilde Langer–Rühl: Vorwort zum Film: Zwerchfelldynamik beim Atmen, Singen und Musizieren. oOoJ, S.2.
153 Hilde Langer–Rühl: Atemarbeit in der Musikerziehung In: Atem- die Zeitschrift für Atempflege. 14. Jahrgang, Heft 2/ 1972, S.27.
154 Hilde Langer–Rühl: Vortrag am 26. 11. 1971 anläßlich der Österr. Erstaufführung des Filmes. 21.Nov.1971, oO, S.3.

„[...] durch die Bewegung, durch die Phonation und durch die innere Wachheit der geistigen Zuwendung zum Werk [...][155]“.

Die Stimme ist die ideale, von der Natur selbst bereitgestellte Bremse im Strom der Ausatmung, die hilft, dass sich die Lungen genügend entleeren und dass das Zwerchfell als Hauptatemmuskel nicht ungehindert in die Höhe schnellt, sondern nur langsam, gleichsam gezügelt, abgespannt wird.

Nach einer derartig geführten Ausatmung folgt unwillkürlich ein Impuls zur vertieften Einatmung, der das gesamte Zwerchfell zusammenzieht und somit senkt. Dadurch erreicht man „die zehnfache Zufuhr an Sauerstoff verglichen mit der meistens viel zu kleinen Alltagsatmung[156].“ Durch diese Erziehung zur unwillkürlichen Einatmung durch eine verbesserte Ausatmung gewinnt man also höchste Ökonomie[157],[158].

„Nur über die Führung, über das „WIE“ der Ausatmung kann ich indirekt die Vertiefung der natürlichen Luftergänzung erreichen[159].“

Der Sinn von Atemübungen in der Anschauung von Hilde Langer–Rühl:

- Durchblutung und Durchlüftung der Lunge werden günstig beeinflusst.
- Die Elastizität der gesamten Lunge (des Atemapparates) wird durch eine optimierte Verwendung von Atem und Stimme verbessert.
- Die Aktivierung des Zwerchfells massiert den Bauchraum und wirkt dort lösend.
- Der Tonus der inneren Muskulatur wird gesteigert.
- Das Gehirn kann durch die gesteigerte Sauerstoffzufuhr besser arbeiten.
- Der gleichförmige Atemrhythmus beruhigt den Organismus.
- Auch bei Anlage zu Asthma oder Schwindsucht kann geholfen werden[160].

Arbeitet der Mensch an Atmung und Bewegung, so geht das mitunter sehr tief, und es kann sich dadurch seine gesamte Einstellung zum Leben ändern[161].

155 Hilde Langer–Rühl: Vortrag am 26. 11. 1971 anläßlich der Österr. Erstaufführung des Filmes. 21.Nov.1971, oO, S.3.
156 Vgl.: Hilde Langer–Rühl: Forschungsbericht. Wien, Juni 1986, S.1.
157 Vgl.: Hilde Langer–Rühl: Atemarbeit in der Musikerziehung. In: Atem- die Zeitschrift für Atempflege. 14. Jahrgang, Heft 2/ 1972, S.27.
158 Vgl.: Hilde Langer–Rühl: Forschungsbericht. Wien, Juni 1986, S.1.
159 Hilde Langer–Rühl: Atem- und Bewegungserziehung als Ergänzung zur Gesangsausbildung. Wien, 1979, S.3.
160 Vgl.: Hilde Langer–Rühl: Atem und Stimme als Helfer zur Persönlichkeitsentfaltung und Gesundheit. In: Atem- die Zeitschrift für Atempflege. 11 Jahrgang, Heft 2/ 1969, S.19f.
161 Vgl.: Hilde Langer–Rühl: Atem und Stimme als Helfer zur Persönlichkeitsentfaltung und Gesundheit. oOoJ, Seite 13.

„Eine Steigerung der Atemfunktion bedeutet immer auch eine Steigerung des Lebensmutes, der Lebensfreude[162].“

Beherrscht man seinen Atem, so wird der Körper von innen her koordiniert und in seiner Funktionsweise elastisch. Diese Elastizität fehlt der bloßen Tüchtigkeit oder Kraft, die rein durch das Training der äußeren Muskulatur erreicht wird[163].

„Man kommt bei dieser Art AUFBAUARBEIT mit EINBEZIEHUNG DER ATMUNG oft zu erstaunlichen Ergebnissen. Es gibt keine überspielten Arme mehr, keine Sehnenscheidenentzündungen, keine überzüchteten SCHULTERWÜLSTE, die – verhärtet – jede natürliche Funktion des Spielapparates a u s s c h l i e ß e n . Ein Spieler, dessen Körper in solcher Weise geschult ist, begreift die INNERE MUSKULATUR der ATMUNG in die Spielbewegung mit ein[164]!“

Das Spiel mit aktivem Zwerchfell hat auf „jeden halbwegs natürlichen Menschen[165]“ eine direkte ansprechende Wirkung. Mit einem Mal bewegt sich innerlich beim Zuhörer viel mehr, auch ohne dass er selbst die Quelle dieser Bewegung erkennen könnte, „[...] aber das ist es, worauf es ankommt: diese innere Aktivität wird auch im Zuhörer geweckt[166].“

„Durch die persönliche Erfahrung allerdings kann jeder überzeugt werden, dass die Wiederherstellung der richtigen Funktionen in seinem Körper ihn gesünder, glücklicher und freier macht[167].“

Beim Musiker gehen die Atembewegung und die - gelöste oder verspannte - Spielbewegung immer Hand in Hand, auf welchem Instrument auch immer.

Beim Streicher beispielsweise entscheidet die Art und Weise der Bogenführung darüber, ob durch sie die innere Muskulatur zu natürlicher und gesteigerter Aktivität angeregt werden kann[168].

Für den Pianisten gilt: Ist er verkrampft, wird der Ton hart; ist er schlaff, so ist der Ton zwar weich, aber undefiniert und ohne die nötige Kraft für große Dynamik[169], und es

---

162 Ebd.
163 Vgl.: Hilde Langer–Rühl: Zwerchfelldynamik, Atemführung und Körperhaltung beim Musizieren. 1982, S.2.
164 Ebd., S.3.
165 Hilde Langer–Rühl: Atem- und Bewegungserziehung als Ergänzung zur Gesangsausbildung. Wien, 1979, S.4.
166 Ebd.
167 Hilde Langer–Rühl: Zwerchfelldynamik, Atemführung und Körperhaltung beim Musizieren. 1982, S.3.
168 Vgl.: Ebd., S.3.
169 Vgl.: Ebd.

ergibt sich statt eines „schwingend weichen und doch klaren Anschlags[170]" ein harter Anschlag an unpassenden Stellen.

Durch die Schulung im Lehrgang kann die Verbesserung dieser Übereinstimmung den Organismus so durchlässig machen, dass das Zwerchfell zu elastischem Ausgleichen fähig wird; Knochen, Hohlräume und Muskulatur beim Musizieren und Singen entsprechend mitschwingen können und das gesamte Skelett die erwünschte Lockerheit erhält [171].

4.3. Über die Muskulatur und die Haltung

„Elastizität und Gesundheit bis ins hohe Alter bekommt man nicht geschenkt, man muß selbst etwas dafür tun[172]."

Die für die Einatmung zuständige Muskulatur besteht vor allem aus dem Zwerchfell und den Muskeln, welche die Rippen weiten. Sie schützt die inneren Organe vor Druck und Überlastung und bewirkt, dass die Atembewegung frei vonstatten gehen kann.

Wenn sich durch die Einatmung der Brustraum vergrößert, müssen Magen und Darm ausweichen können. Das bedeutet, dass die Bauchwand elastisch nach außen nachgeben muss. Auch bei der Ausatmung ist die Mitarbeit der Bauchmuskulatur von großer Bedeutung, denn ihre Aufgabe ist es, den Bauch wieder zusammenzuziehen. Ist die Bauchmuskulatur schlaff oder unelastisch, so hat dies daher einigen Einfluss auf die Qualität der Ausatmung[173].

Die zwei starken Zwerchfellschenkel, die neben der Lendenwirbelsäule innen verlaufen, ermöglichen gemeinsam mit den an den Rippen ansetzenden Zwerchfellanteilen sein langsames, geführtes Steigen während der Ausatmung[174].

---

170 Hilde Langer–Rühl: Musik und Atem. In: Atem. 5. Jahrgang, Heft 2/1963, S.3.
171 Vgl.: Hilde Langer–Rühl: Forschungsbericht. Wien, Juni 1986, S.1f.
172 Hilde Langer–Rühl: Atem und Stimme als Helfer zur Persönlichkeitsentfaltung und Gesundheit. In: Atem- die Zeitschrift für Atempflege Massage Entspannung Moderne Gymnastik. 11. Jhg., Heft 2/1969, Seite 18.
173 Vgl.: Hilde Langer–Rühl: Zwerchfelldynamik und Wirbelsäule beim Atmen, Singen und Musizieren. oOoJ, S.4.
174 Vgl.: Ebd., S.5.

Körperliche Verspannung kann die Ursache einer flachen Atmung sein. Andererseits kann man auch durch übermäßige Konzentration und Bemühung beim Musizieren auf das Atmen vergessen. Die Atmung wird dann flach und gebremst, der ganze Körper verhärtet sich in einer über-aufmerksamen Haltung, und die Spielbewegungen können nicht frei fließen.

Anweisungen für richtige Haltung und Bewegung:

Die richtige Sitzposition ist aufrecht mit nach hinten genommener Wirbelsäule und auch dem Körpergewicht hinten. Dies erreicht man, indem man die Schultern mit Hilfe der Muskeln zwischen den Schulterblättern hinten flach am Körper hält und das Gewicht des Schultergürtels nicht vorne auf dem Brustkorb lasten und dadurch die Wirbelsäule verbiegen lässt. Sonst fällt der Brustkorb ein und der Kopf hängt nach vorne, was Bandscheibenschäden hervorruft[175].

> *„Aufrechte Haltung ermüdet niemals, wenn sie von der Atmung unterstützt wird. Sowohl die Ausatmung als auch besonders die Einatmung wirkt in bedeutungsvoller Weise aufrichtend auf die Wirbelsäule: immer verschiedene Muskeln aus der Fülle der Rückenmuskulatur wirken im Zusammenhang mit der Zwerchfelltätigkeit bei der Ein- und Ausatmung streckend auf die Wirbelsäule. Sie lösen sich ab, dadurch sind sie bei ihrer Tätigkeit vor Ermüdungserscheinungen geschützt[176].“*

175 Vgl.: Hilde Langer–Rühl: Bessere Haltung durch Atemhilfe. oOoJ, S.2ff.
176 Ebd., S.4.

4.4. Über die Wirbelsäule

„Die Wiederherstellung der Wirbelsäulenfunktion macht den ganzen Menschen lebendiger und beweglicher, während offensichtlich eine versteifte Wirbelsäule auch eindeutig Versteifungen im Psychischen mit sich bringt[177] [...].“

Der Inhalt des folgenden Kapitels ist dem Artikel: „Wirbelsäule, Gelenke und Atmung[178]“ entnommen.

Die Wirbelsäule als zentrales Stützsystem des Menschen besteht aus den Wirbeln mit Wirbelkörpern, Dorn- und Querfortsätzen sowie den Bandscheiben, den kleinen Gelenken der Wirbelsäule, Bändern, Muskelansätzen und den Wirbellöchern, durch welche Nerven und Gefäße führen.

Aufgaben und Besonderheiten der Wirbelsäule:

- Der Stamm der Wirbelsäule gibt dem Körper seinen Halt.
- Die Organe des Körperinneren sind durch einen entsprechenden Bänderapparat an der Wirbelsäule aufgehängt.
- Die zentralen Nervenbahnen durchlaufen den Wirbelsäulentrakt; daher ist auch die Funktion der inneren Organe von dessen Zustand abhängig.

Durch den komplizierten Aufbau und die komplexen Funktionen der Wirbelsäule ist bei hier auftretenden Problemen immer mit einer „zweiseitigen Symptomatik in der Therapie[179]“ zu rechnen:

Einerseits können Bewegungs- und Stützfunktionen der Wirbelsäule betroffen sein, andererseits kann auch die Peripherie durch eine Beeinträchtigung der Spinalnerven beeinflusst und zusätzlich das „vegetative Grenzstrangsystem[180]“ gestört werden.

---

177 Hilde Langer–Rühl: Wirbelsäule, Gelenke und Atmung. In: Atem – die Zeitschrift für Atempflege. 12. Jahrgang, Heft 1/ 1970, S.3.
178 Vgl.: Ebd., S.1ff.
179 Ebd., S.1.

Das bedeutet, dass bei einer Erkrankung auch nur eines Teiles der Wirbelsäule der ganze Körper betroffen sein kann.

Wirbelsäulenprobleme können unter anderem entstehen durch:

- einseitige Berufsanforderungen, welche die Wirbelsäule versteifen lassen.
- altersbedingte Deformierung.
- genetisch bedingte Schwäche der Knochen [des Halte- und Stützapparates, Anm. der Autorin].
- häufige, schnelle Repetition einseitiger Bewegungen, welche die Muskeln verkrampft und ihre Innervation überbeansprucht. So werden die Nerven an den Austrittstellen aus der Wirbelsäule irritiert, die Nervenwurzeln gereizt und die zugehörigen Organe können in Folge gestört werden.
- einen Bandscheibenschaden. Dieser kann die Proportionen der Wirbelsegmente verändern und das vegetative Nervensystem beeinträchtigen.

> *„Charakteristisch für Zwischenwirbellochschäden der gesamten Wirbelsäule sind z.B. Störungen der Schweißsekretion, der Motorik innerer Organe, der Wärme aller betroffenen Gewebe; so können etwa kalte, feuchte Hände, Hinterkopfschmerzen, Schwindelanfälle durch Schäden der Halswirbelsäule verursacht sein. [...] Kopfschmerzen und Kehlkopfbeschwerden sind erwiesen[181].“*

- eine Haltung mit nach vorne hängendem Kopf. Die Überdehnung des an der Halswirbelsäule befestigten Halteapparates des Kehlkopfes kann zusätzlich zu einer heiseren Stimme führen.

Die Therapie aller Fehlzustände der Wirbelsäule sollte im gesund gebliebenen und schmerzfreien Bereich ansetzen und von dort ausgehend in die betroffenen Gebiete eingreifen.

Atemtherapie löst die Versteifungen der Wirbel-Rippengelenke im erstarrten Brustkorb und befreit eine eingeschränkte Atem- und Lungenfunktion. Federnde und

---

180 Ebd., S.2.
181 Vgl. Ebd. S.2.

schwingende Bewegungsübungen können allgemein einen natürlichen Bewegungsablauf wieder herstellen.

4.5. Über die Entstehung körperlicher Schwächen

> *„Man muss seine Schwachstellen kennen. Jeder menschliche Organismus hat von der Natur aus die Fähigkeit zur Anpassung und vor allem zum gesunden funktionellen Ausgleich! Den Empfindungssinn dafür kann man wieder wecken und damit das Vertrauen zur eigenen Anlage gewinnen[182].“*

Vor allem in ihrem Vortrag für Gesangslehrer in München 1983 gibt Hilde Langer–Rühl Einblick in ihre Ansichten über die Entstehungsweise und Möglichkeiten der Behandlung verschiedener Krankheiten und Symptome[183]:

- Morbus Scheuermann ist ein "Verhärtungsprozess(es) mit Bandscheibenschwund und damit Blockierung mehrerer Wirbel der Brustwirbelsäule nach außen[184]“. Er entsteht dadurch, dass „durch schlechte Haltung auf schlecht geeigneten Bänken in der Schulzeit[185]“ die Bandscheiben verknöchern.
- Eine seitliche Rückgratverkrümmung (Skoliose) ist meistens vererbt, aber erfolgreich ausgleichbar durch lebenslang praktizierte Übungen[186].
- Ein schief stehendes Becken muss ausgeglichen werden durch orthopädische Einlagen, nicht durch Absatzerhöhungen[187].
- Plattfüße, gekoppelt mit einem schief stehenden Becken, lassen immer auch eine schiefe Wirbelsäule und ein ebensolches Zwerchfell entstehen[188].

---

182 Hilde Langer–Rühl: ATEM- und Bewegungserziehung als Ergänzung zur Gesangsausbildung. Wien, 1979, S.4.
183 Ganzes Kapitel, wo nicht anders angegeben: Vgl.: Hilde Langer–Rühl: Vortrag für den 23. April 1983 in München, Gesangslehrertagung vom 22. bis 24. April. oOoJ S.1ff.
184 Hilde Langer–Rühl: Leichter leben und besser arbeiten. In: Atem- die Zeitschrift für Atempflege. 18 Jahrgang, Heft 3/ 1976, S.18.
185 Hilde Langer–Rühl: Vortrag für den 23. April 1983 in München, Gesangslehrertagung vom 22. bis 24. April. oOoJ, S.2.
186 Vgl.: Ebd, S.2.
187 Vgl: Ebd, S.2.
188 Vgl.: Ebd., S.2f.

- Eine ineinander geschobene Lendenwirbelsäule entsteht durch zu viel Sitzen und zu wenig Ausgleichsgymnastik[189].

- Ein Hohlkreuz „infolge einer miserablen HALTUNG[190]" erzeugt einen Rundrücken, und zusätzlich wird so das Zwerchfell zu hoch geschoben.

- Eine schief verlaufende Lendenwirbelsäule in der Hyperlordose lässt im Übergang zur Brustwirbelsäule leicht zu dünne Bandscheiben entstehen, oder diese werden „geradezu aufgefordert [...] HERAUS zu schlüpfen bzw. sich zu verschiefen[191]". Das kann zu Ischiasbeschwerden und Kreuzschmerzen führen, da in diesem Bereich leicht die Nerven eingeklemmt werden.

- Eine gute Halswirbelsäule soll keine zu große Lordose haben, da sonst ein Druck von hinten gegen Speiseröhre und Kehlkopf entsteht. So bilden sich Verschiebungen, die dann zu Stimmstörungen führen können[192].

- Heiserkeit, die nicht organisch bedingt ist, ist ein Problem von Luftregulierung und Balance des Klanges und ist von der Qualität der Atmung abhängig[193].

- Bewegungsarmut ist Ursache für innere Passivität. Die Folge dieser Unterbeanspruchung des Körpers ist eine schwache Muskulatur „mit kleinen Kapillargebieten[194]."

- *„Asthmatiker halten immer fest, sie können nicht genügend Luft abgeben, ihre Atemmuskulatur wird hart und ziemlich bewegungsunfähig[195]."*

- Beim „Schwindsuchtstypus[196]" erfolgt in der Ausatmung eine zu starke Eigenbewegung der Lunge. Die Muskulatur ist zu weich, sodass das Sekret nicht gut abgehustet werden kann, sondern sogar noch tiefer in die Lunge gepresst wird. Hier hilft Atem- und Stimmtherapie.

---

189 Vgl.: Ebd., S.3.
190 Ebd., S.3.
191 Ebd., S.3f.
192 Vgl.: Hilde Langer–Rühl: Wirbelsäule, Gelenke und Atmung. In: Atem – die Zeitschrift für Atempflege. 12. Jahrgang, Heft 1/ 1970. S.2.
193 Vgl.: Hilde Langer–Rühl: Zwerchfelldynamik und Wirbelsäule beim Atmen, Singen und Musizieren. oOoJ, S.6.
194 Hilde Langer–Rühl: Atem und Stimme als Helfer zur Persönlichkeitsentfaltung und Gesundheit. In: Atem- die Zeitschrift für Atempflege. 11 Jahrgang, Heft 2/ 1969, S.18.
195 Hilde Langer–Rühl: Atem und Stimme als Helfer zur Persönlichkeitsentfaltung und Gesundheit. oOoJ, S.7.
196 Ebd., S.7f.

- Erkrankungen in Magen und Darm hängen oft mit krankhaften Veränderungen der Lendenwirbelsäule zusammen[197].

- Es besteht ein Zusammenhang zwischen Rachitis in der Kindheit und Arthrosen im Alter: Diejenigen Menschentypen, die als Kinder „Salzfässer[198]" oder eine Hühnerbrust hatten, schlechte Zähne oder Senk- oder Spreizfüße, neigen dann im Alter zu Erkrankungen der Knochen. Die Knochensubstanz kann durch Gaben von Calcium oder Lebertran, aber auch durch zusätzliche Heilgymnastik gekräftigt werden.

- Durch Gehen als alleiniger Hüftbewegung wird das Oberschenkelgelenk zu einseitig beansprucht, sodass zu große und schmerzhafte Gelenkspalten entstehen können. Solch einer Arthrosis deformans im Hüftgelenk kann durch Bewegungsübungen entgegengewirkt werden[199].

- Auch Schmerzen in Ohren und Zähnen können durch Veränderungen der Halswirbelsäule verursacht werden[200].

> *„Durch unsere heute meist einseitigen Berufsanforderungen wird die Biegsamkeit und Lebendigkeit der Wirbelsäule nicht genügend beansprucht und geht dadurch verloren. Einseitige Belastung bringt aber Lokalisationsfaktoren für degenerative oder rheumatische Erkrankungen. Die Erkrankung verbreitet sich automatisch, wenn wir nicht aktiv eingreifen. Sie läuft die Wirbelsäule entlang!* [...] *Schnell sich wiederholende einseitige Bewegungen wie Maschinenschreiben oder Fließbandarbeit erzeugen oft einen Haltungskrampf. Nun wird die Muskelinnervation durch Willensimpulse noch gesteigert, wodurch das gesamte Bewegungssegment überbeansprucht und übermüdet wird. Die Nerven in den Zwischenwirbellöchern werden irritiert* [...]. *Die Betriebsstörung der Strombahn ist dann der Beginn von funktionellen oder organischen Schäden[201].“*

197 Vgl.: Hilde Langer–Rühl: Wirbelsäule, Gelenke und Atmung. In: Atem – die Zeitschrift für Atempflege. 12. Jahrgang, Heft 1/ 1970, S.1f.
198 Hilde Langer–Rühl: Lebenshilfe für alle über 50. In: Atem- die Zeitschrift für Atempflege. 9. Jahrgang, Heft 4/ 1967, S.13.
199 Vgl.: Leichter leben und besser arbeiten. In: Atem- die Zeitschrift für Atempflege. 18 Jahrgang, Heft 3/ 1976, S.19.
200 Vgl.: Hilde Langer–Rühl: Wirbelsäule, Gelenke und Atmung. In: Atem – die Zeitschrift für Atempflege. 12. Jhg, Heft 1/1970. S.2f.
201 Hilde Langer–Rühl: Wirbelsäule, Gelenke und Atmung. In: Atem – die Zeitschrift für Atempflege. 12. Jhg, Heft 1/ 1970. S.2.

4.6. Über physiologische Zustände und Persönlichkeit

> *„Echte Haltung kommt von innen, sie ist das Ausdrucksbild des ganzen Menschen. Die Arbeit an der Bewegung und an der Atmung geht tief und verwandelt oft die Gesamteinstellung des Studierenden[202].“*

Hilde Langer–Rühl war der Ansicht, man müsse gar nicht allzu viele Fakten über einen Menschen sammeln, um ihn zu kennen. Wenn man ein Bild seines Brustkorbes ansähe, einmal in maximaler Einatmung, einmal in maximaler Ausatmung, so wisse man schon sehr viel über den seelischen Zustand dieses Menschen[203]. So sah sie Haltung nicht nur als ein vom körperlichen Zustand abhängiges Phänomen, sondern primär als „Ausdruck der Persönlichkeit[204].“

> *„Das Röntgenbild des so gestörten Organismus ist zugleich das Spiegelbild der gestörten menschlichen Seele. Die biologische Krankheit [...] ist eine Störung in seiner Harmonie[205]!“*

Ihre Interpretationen von Haltungsproblemen oder Schwächen in der Zwerchfelltätigkeit gehen allerdings manchmal über die Grenzen von Takt und Wertschätzung hinaus. Eine zu geringe Weitung bei der Atmung, zu schlaffes Zwerchfell oder zu geringe Zwerchfellamplitude bewertet sie beispielsweise folgender Maßen:

> *„Der Unterschied zwischen EIN- und AUSATMUNG beträgt nur 1 cm Abstand, armselig. Das war ein haltloser Mensch damals[206].“ Oder: „Das AUSATMUNGSBILD zeigt bei diesem Mann, daß er sich <u>nicht</u> beherrschen kann. [...] Das ist ein jähzorniger Mensch[207].“*

Die Röntgenbilder eines jungen Pianisten zeigen zwar einen großen Abstand der Lage seines Zwerchfells zwischen Ein- und Ausatmung, aber

---

202 Hilde Langer–Rühl: Atemarbeit in der Musikerziehung. In: Atem. Die Zeitschrift für Atempflege Massage Entspannung Moderne Gymnastik. 14. Jhg., Heft 2, Juni 1972, S.27.
203 Vgl.: Hilde Langer–Rühl: Vortrag für den 23. April 1983 in München, Gesangslehrertagung vom 22. bis 24. April. OOoJ, S.5.
204 Hilde Langer–Rühl: Atem- und Bewegungserziehung als Ergänzung zur Gesangsausbildung. Wien, 1979, S.4.
205 Hilde Langer–Rühl: Atmung und Stimme im Dienste der Psychologie, Stimmheilkunde und Musikerziehung. In: Separatum aus Foliae phoniatricae. 18: 218-224 (1966), S.219.
206 Hilde Langer–Rühl: Vortrag für den 23. April 1983 in München, Gesangslehrertagung vom 22. bis 24. April. OOoJ, S.5.
207 Ebd., S.6.

„davon hat man gar nichts. Das sind die Art Menschen, bei denen es innerlich auch mal `durchgehen´ kann im negativen Sinn, nämlich des `sich nicht beherrschen Könnens´, der Formlosigkeit[208].“

Über den Neurastheniker[209] spricht sie in abfälliger Weise: „Das ist ein haltloser Mensch[210].“ „Das ist ein Schlappschwanz[211]“. Der Neurastheniker kommt ihrer Meinung nach selbst nicht auf die Idee, an sich arbeiten zu müssen und gibt daher „seine innere Unordnung an die Nachkommen weiter[...][212].“

Bei aller herben Kritik am persönlichen Haltungszustand des Einzelnen trägt Hilde Langer–Rühl aber immer auch der Tatsache Rechnung, dass innere und äußere Haltung eines Menschen durch seine persönlichen Lebensumstände wie glückliche oder traurige Familienverhältnisse oder mehr oder weniger günstige Umweltbedingungen mit geformt werden. In der motorisierten und bewegungsarmen Lebensweise unserer Zivilisation sieht sie allgemein einen eher „armseligen Haltungstyp[213]“ ausgeprägt verglichen mit den idealen [und sicher auch idealisierenden, Anm. der Autorin] Statuen der Antike.

Hier prallen nach Meinung der Autorin zwei Haltungen kontrastierend aufeinander: Einerseits die Haltung eines Menschen, der viele seiner Werte in der Vorkriegs-, Kriegs- und Zwischenkriegszeit in Deutschland mit dem damals gelernten Ideal des aufrechten, heldenhaften, starken und willensbetonten, aktiven Menschen ausgebildet hat, und andererseits die Haltung der Frau, Mutter und Pädagogin, die sich unterstützende Gedanken über die ihr anvertrauten Schüler und Studenten macht und sie ehrlich fördern will. So hart auch die theoretischen Forderungen immer wieder formuliert waren, so persönlich und liebevoll-verantwortungsvoll ging sie mit ihren konkreten Studenten um. Die Abwertung im theoretischen Bereich wurde im persönlichen Kontakt durch ein klares Bemühen um Unterstützung stets abgemildert, und immer wieder bewies sie ihre große Bereitschaft, die Menschen zu lehren, sich selbst so anzunehmen, wie sie eben sind und das Beste aus sich und den eigenen Gegebenheiten zu machen:

---

208 Hilde Langer–Rühl: Zwerchfelldynamik und Wirbelsäule beim Atmen, Singen und Musizieren. Vortrag auf Typoskript. oOoJ.
209 Begriff von Rudolf Arndt und J.H.B.M. Averbeck um 1885 definiert als Menschen, die nur wenig belastbar sind und schnell ermüden wegen einer oft chronischen, mit Schmerzen verbundenen „Erschöpfung der nervösen Energie“. Wird heute zu den „somatoformen Störungen“ gezählt. Quelle: Wikipedia, online im Internet. (6.2. 2008).
210 Hilde Langer–Rühl: Neurasthenie, Atmung und Stimme. Sonderdruck aus: Atem. Heft 4/1965, S.1.
211 Ebd.
212 Ebd., S.2.
213 Hilde Langer–Rühl: Atem- und Bewegungserziehung als Ergänzung zur Gesangsausbildung. Wien, 1979, Seite 1 und 4.

„Der Mensch muß annehmen können, auf sich nehmen, was er ist, um dann daraus werden zu können, was er sein soll[214].“

Diese Aufgabe und dies übergeordnete Ziel formulierte sie mit kleinen Abweichungen als Motto oder im Schlusswort vieler ihrer Aufsätze[215].

4.7. Über die körperlichen Voraussetzungen zum Musikstudium

„Es gibt auch eine u n g l ü c k l i c h e Liebe zur Musik, wo leider alle Begeisterung bei ungenügender physischer Substanz und Entwicklungsfähigkeit n u r für einen Hobbymusiker ausreicht[216].“

Nach Hilde Langer–Rühls Ansicht sollte jeder Musikstudent schon bei der Aufnahmeprüfung gewisse Tests absolvieren müssen, um seine physiologische Eignung zum Berufsmusiker unter Beweis zu stellen. Die Bescheinigungen des Amtsarztes sind hierfür „meist wertlos[217]“, weil dieser

„von den Voraussetzungen und Anforderungen, die wir zur Bewältigung eines wirklich optimalen Musikstudiums erwarten und verlangen müssen, meistens überhaupt keine blasse Ahnung hat[218].“

Es sollte daher ein Probejahr eingeführt werden, während dessen

„die physische Entwicklungsfähigkeit bewußt durch Atem- und Bewegungserziehung erprobt und sowohl röntgenologisch als auch orthopädisch begutachtet wird[219].“

Nur bei positivem Absolvieren dieses Probejahrs soll die Erlaubnis zum Weiterstudium erteilt werden. Nach drei bis vier Jahren müssten alle gemachten Befunde nochmals überprüft werden.

---

214 Hilde Langer–Rühl: Vortrag für den 23. April 1983 in München, Gesangslehrertagung vom 22. bis 24. April. OOoJ, S.7.
215 Vgl. bspsw: Hilde Langer–Rühl: Atem und Stimme als Helfer zur Persönlichkeitsentfaltung und Gesundheit, S.14; dieselbe in: Bessere Haltung durch Atemhilfe, S.5; dieselbe in: Konzentration und Gleichgewicht der Kräfte bei der künstlerischen Leistung des Musikers. In: Musikerziehung, S.69.
216 Hilde Langer–Rühl: ATEM- und Bewegungserziehung als Ergänzung zur Gesangsausbildung. Wien, 1979, S.2.
217 Ebd., S.1.
218 Ebd.
219 Ebd.

Diese Forderung nach Vorauswahl und Kontrolle entsprang den bitteren Erfahrungen einer Lehrenden, die immer wieder Studenten, die schon weit fortgeschrittenen waren, eine mangelnde körperliche Eignung attestieren musste und sie in tiefe Krisen stürzen sah, wenn der angestrebte Beruf nach großen Anstrengungen nun doch nicht ausgeübt werden konnte.

So beschreibt sie den Fall eines Klarinettisten, der nach absolviertem Hochschulstudium aufgrund von zu starken Nebengeräuschen beim Blasen keine Anstellung finden konnte, oder den eines gescheiterten Schulmusikstudenten mit Asthma, und „das sind nur zwei Fälle von vielen[220]."

Verantwortlich für zunehmende Haltungs- und Wachstumsschäden bei den Studenten sind für sie teilweise die allgemeinen modernen Lebensbedingungen. Das

> *"motorisierte, bewegungsarme, ungesunde Leben, sehr oft schlechte Umweltsbedingungen* [sic], *triste Familienverhältnisse begünstigen körperliche Fehlhaltungen, psychische Labilität und menschliche Haltlosigkeit[221]."*

Hilde Langer–Rühl sieht die heutige Zeit als zu sehr in Spezialisierungen verhaftet, durch die der Dreifaltigkeit des menschlichen Organismus – Körper, Seele, Geist – nicht mehr Rechnung getragen wird, sondern jeweils einzelne Facetten überbetont werden. Daher sollten gerade besonders begabte Menschen gezielt unterstützt werden, wenn sie auf anderen Ebenen als der, in der ihre Begabung liegt, Schwächen zeigen[222].

---

220 Ebd., S.2.
221 Ebd., S.1.
222 Vgl.: Hilde Langer–Rühl: Zwerchfelldynamik, Atemführung und Körperhaltung beim Musizieren. oO, 1980, S.4.

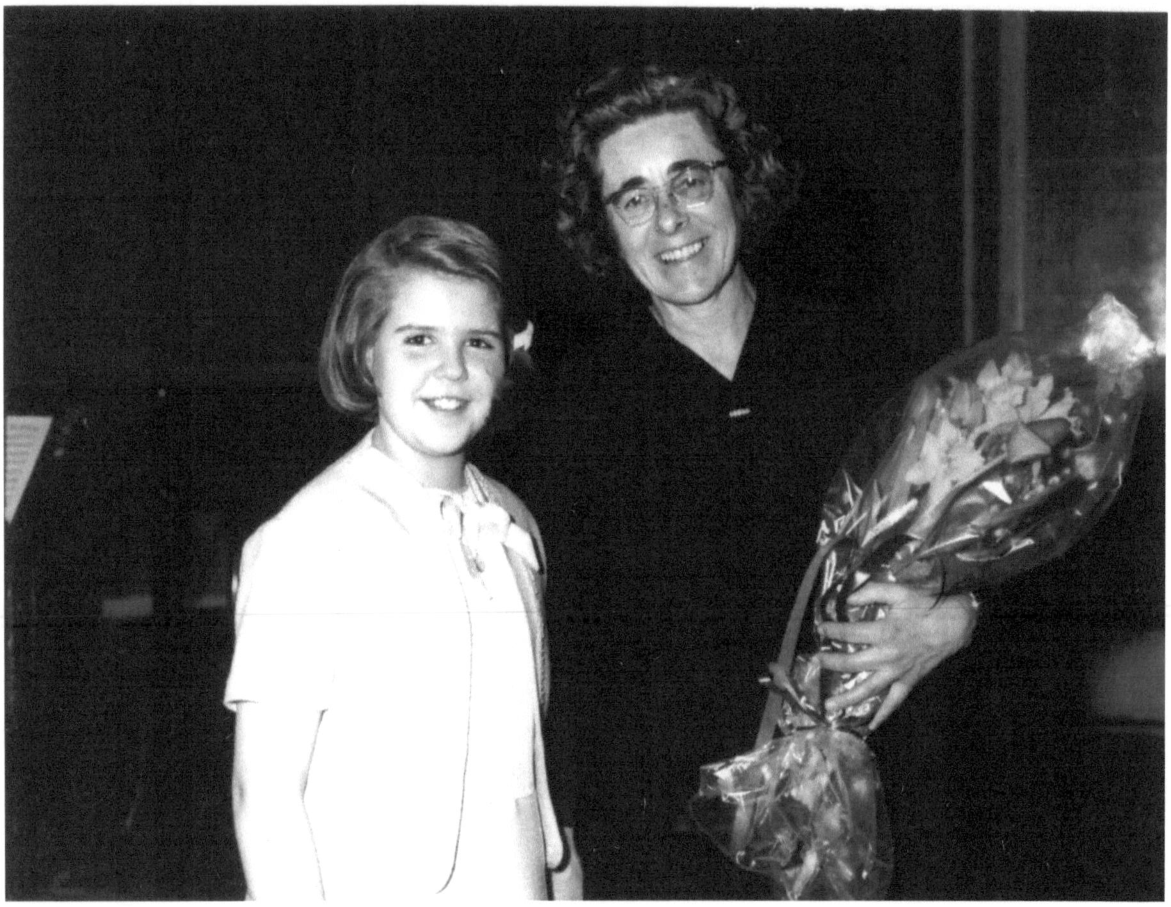

Hilde Langer–Rühl mit einer Schülerin aus dem Vorbereitungslehrgang, nach einem Klassenabend

4.8. Über Intention und Interpretation

> *„Die INTENTION ist eine Leistung des ZENTRALNERVENSYSTEMS, sie besteht im Aufnehmen, Verarbeiten und kontrollierten Reagieren auf Sinnesempfindungen. In unserem Fall bedeutet das: die musikalische Phrase wird geistig aufgenommen, empfindungsmäßig verarbeitet und kontrolliert in die Spielbewegung umgesetzt. Je höher diese Synthese entwickelt werden kann, umso reifer ist die künstlerische Leistung[223].“*

In den Augen Hilde Langer–Rühls ist eine Besonderheit der Kunst der Musik, dass in ihren Tönen nicht nur ein besonderer Inhalt, sondern die Form selbst zum Erlebnis wird. Sie übertrifft darin die Sprache, welche durch bestimmte Lautfolgen lediglich geistige Zusammenhänge oder reale Inhalte bezeichnet. Musik kann beides: Sie

---

223 Hilde Langer–Rühl: Bericht über Forschungstätigkeit. Wien, 30. 11. 1980, S.1.

kann einerseits wie die Sprache Ausdruck von etwas anderem, Dargestellten sein, oder auch als rein abstrakte, tönend bewegte Form auftreten, „in jedem Falle ist sie ein Phänomen, das dem geistigen, dem seelischen und dem physischen Bereiche angehört[224]." Sie ist auf der ganzen Welt verständlich, und „in diesem universellen Charakter überflügelt sie die Idiome der Völker, ihre national bedingten Sprachen[225]."

Die Intention des Musikers zeigt sich ganzheitlich in seiner Zuwendung zum Werk. Sie schafft einen gemeinsamen Schrittmacher oder auch übergeordneten Bewegungsauftrag, welcher Atmung und Bewegung während des Musizierens innig und sinnvoll miteinander verbindet. Dies „führt zu innerer Wachheit und Eutonisierung der Muskulatur[226]."

In geistigen und seelischen Belangen wirkt *„die innere Konzentration, welche die Leistung hervorbringt*[227]" als ausreichende Antriebskraft, genauso wie beispielsweise ein spielendes Kind den *„Schwung zum Sprung*[228]" aus seiner inneren Spannung nimmt und nicht aus dem Rationalen. Das Denken alleine würde nicht ausreichen, um die für die musikalische Interpretation passenden Bewegungsreaktionen auszulösen. Es besitzt nicht den nötigen facettenreichen „Tiefgang[229]", um die erforderliche Bewegung des Musikers in den großen oder auch nur minimal bewegten Bögen angemessen zu initiieren.

Diese unmittelbare bewegungsmäßige Umsetzung der musikalischen Phrasen sowie die „Einsicht in die Werkstatt des Komponisten[230]" erziehen ein besonders fein reagierendes „physisches Stilempfinden[231]". Für das Erreichen einer hervorragenden musikalischen Leistung und für die Verwirklichung der geistigen Vorstellungen sind zusätzlich das gute Verhältnis von Spannung und Lockerheit zueinander sowie die harmonische Koordination aller Muskeln ausschlaggebend[232]. Eine exzellente Spiel-

---

224 Hilde Langer–Rühl: Richtlinien meiner Praxis des Klavierunterrichtes. oO, April 1953, S.1.
225 Ebd.
226 Hilde Langer–Rühl: Vorwort zum Film: Zwerchfelldynamik beim Atmen, Singen und Musizieren. oOoJ, S.2.
227 Vgl.: Hilde Langer–Rühl: Atem- und Bewegungshilfe für Alternde. In: Atem. 8.Jahrgang, Heft 2/1966, S.18.
228 Ebd., S.18.
229 Vgl. Hilde Langer–Rühl: Eduard Erdmann als Pädagoge. In: Begegnungen mit Eduard Erdmann. Hrsg. Bitter / Schlösser. Agora Verlag, Darmstadt 1968, S.201.
230 Hilde Langer–Rühl: Eduard Erdmann als Pädagoge. In: Begegnungen mit Eduard Erdmann. Hrsg. Bitter / Schlösser. Agora Verlag, Darmstadt 1968, S.201.
231 Ebd.
232 Vgl.: Hilde Langer–Rühl: Einführungsvortrag zum II. Film. Wien, 8.3.1981, S.2.

oder Gesangstechnik ist dann nicht mehr Selbstzweck, sondern hat lediglich die Aufgabe, Mittler von formalem, seelischem und geistigem Inhalt der Musik zu sein[233].

Notenbild eines Werkes und dynamische Angaben des Komponisten sind als wörtlich genaue Aussagen über die Art und Weise, wie dieser sich im Moment der Niederschrift die Musik vorstellte oder innerlich miterlebte, zu betrachten:

> *„Das Notenbild gleicht also einem Kardiogramm des tönenden und atmenden Lebens seines Schöpfers[234].“*

Von entscheidender Wichtigkeit ist daher die Beachtung der Komposition im Urtext, welche diese musikalische Totalität der Willkür eines Interpreten entzieht. Dessen Aufgabe ist es, Urtextausgaben genau zu studieren, mitzuerleben, mitzudenken, um sie schließlich durch die entsprechenden Spielbewegungen hörbar zu machen[235].

Diese Art der Arbeit beschreitet sozusagen den Weg zurück von der inneren Bewegung des Komponisten während des schöpferischen Aktes bis hin zum Aufschreiben des Werkes. Ihr Ziel ist

> *„eine Einheit von Bewegung, Denken und Fühlen, die sich in einer klaren, überzeugenden Interpretation manifestiert[236].“*

Als sehr hilfreich sah Hilde Langer–Rühl das reine Lesen von Notentexten, ohne sie dabei zu spielen. Hierdurch wird die akustische Vorstellung des Stückes schon im Vorhinein geklärt und eigene Lücken können klar erkannt werden. Die „nervenmäßige[237]“ Verbindung vom inneren Ohr zur Hand verbessert sich zusätzlich sehr[238].

Auch Form und Struktur des Werkes können gut noch vor dem Spiel analysiert werden, um Gruppen zusammenzufassen oder Teile gegenüberzustellen, oder um eine neue Spielweise bei Wiederholungen des Themas herauszuarbeiten. Schließlich hilft dieses genaue Erfassen aller Gegebenheiten später beim Auswendigspielen.

---

233 Vgl.: Hilde Langer–Rühl: Atemarbeit in der Musikerziehung. In: Atem, die Zeitschrift für Atempflege, 14. Jahrgang, Heft 2/ 1972, S.26.
234 Hilde Langer–Rühl: Musik und Atem. In: Atem. 5. Jahrgang, Heft 2/1963, S.1.
235 Vgl.: Hilde Langer–Rühl: Musik und Atem. In: Atem. 5. Jahrgang, Heft 2/1963, S.1f.
236 Hilde Langer–Rühl: Eduard Erdmann als Pädagoge. In: Begegnungen mit Eduard Erdmann. Hrsg. Bitter / Schlösser. Agora Verlag, Darmstadt 1968, S.203.
237 Ebd., S.204.
238 Vergleiche hierzu die Arbeiten von Leimer und Gieseking, die den Grundstein für die Entwicklung des mentalen Trainings bildeten: Leimer / Gieseking: Modernes Klavierspiel. Mainz 1931 und Leimer / Gieseking: Rhythmik, Dynamik, Pedal. Mainz 1938.

4.9. Über das Musizieren[239]

> *„Das Spielen soll gleich dem Singen immer ein Musizieren im Sinne des ursprünglichen Lebens sein, keine „schwere" Arbeit[240]!"*

Musizieren ist eine Ausdrucksmöglichkeit für die Seele. Sie ist dies nicht nur für Profis, sondern auch beispielsweise für einen Menschen, der eigentlich zum Klavierspielen unbegabt ist und sich dabei sichtbar schwer tut, aber eine Sehnsucht nach Musik in sich trägt. Führt er seine Spielbewegungen natürlich aus, so leidet er dabei nicht unter den körperlichen Folgen und Schäden von unnatürlichen Spielfunktionen.

Über eine subjektbetonte und schwelgerische Spielweise hinaus jedoch *„erfordert die objektive Hingabe an das Werk*

- *dic musikalisch getreue Erarbeitung,*
- *klaviertechnisch das Hörbarmachen dessen, was da steht,*
- *eine freie, natürliche Bewegung[241]."*

Diese Art der Objektivität, die dennoch genug Spielraum für die Persönlichkeit des Interpreten lässt, führt auch zu einem neuen Erlebnis der Stilepochen. Geht man nicht an die Musik heran mit Gefühlen, die

> *„in einer mehr oder minder glücklichen Technik immer wieder bloß sich ausdrücken", so „vermeidet man am besten, aus egoistischer Undiszipliniertheit oder in Verkennung der Tatsachen Bach wie Brahms, Schubert wie Debussy zu spielen[242]."*

[239] Dies und die folgenden zwei Kapitel basieren, falls nicht anders angemerkt, auf dem Aufsatz „Richtlinien meiner Praxis des Klavierunterrichtes239", den Hilde Langer–Rühl anlässlich ihrer Bewerbung an der Musikakademie in Wien verfasst hat.
240 Hilde Langer–Rühl: Richtlinien meiner Praxis des Klavierunterrichtes. oO, April 1953, S.3.
241 Ebd.
242 Ebd., S.8.

4.10. Über die Basis ihres Klavierunterrichtes

„Nur ein organisch richtiges Klavierspielen kann zur technischen und durch sie zur musikalischen Vollendung führen[243].“

Der Pianist muss die Phrasierungsbögen aus einer Kraft und in einer Bewegung spielen. Es ist wichtig, dass der Arm am Bogenanfang über das tiefe Handgelenk in der Hand hängt. Kommt nämlich das Handgelenk zu hoch und verharrt dort, werden sich automatisch auch die Schultern hochstellen. Der Kontakt zum Ansatzpunkt der Arme zwischen den Schultern geht dann verloren, und der Rest des Körpers ist in Folge nicht mehr an die Spielbewegung angeschlossen.

Während des Bogens führt der Spieler das Handgelenk mit einer steigenden Bewegung. Durch diese Abwechslung ermüdet er weniger, da mit gesenktem Handgelenk andere Muskeln arbeiten als mit gehobenem.

Es ist wichtig, zwischen phrasierten ganzkörperlichen Bewegungen und reinen Fingerbewegungen zu unterscheiden. Jeder Finger muss sorgfältig ausgebildet werden, ist aber nur ein Teil des Gesamtorganismus. Beim Spielen müssen fast immer alle Gelenke locker sein bis auf das erste Fingerglied, das den Kontakt zwischen der Kraft des Spielers und dem Tastenwiderstand herstellt.

Basis der pianistischen Arbeit ist die Entwicklung eines singenden Legato. Wichtig dafür ist der erschütterungsfreie Daumenuntersatz. Der Anschlag selbst ist ein direktes Resultat der innerlichen geistigen und körperlichen Spannung und Schwingung des Musikers. Verkrampfung erzeugt einen harten Ton, Schlaffheit einen weichen, aber unklaren und kernlosen, dessen Kraft nicht bis in ein Fortissimo hineinreicht.

Staccatospiel macht den ganzen Körper genau wie Hüpfen oder Lachen elastisch und „antwortbereit[244]“.

---

243 Zitat und folgendes Kapitel: Hilde Langer–Rühl: Richtlinien meiner Praxis des Klavierunterrichtes. oO, April 1953, S.2.
244 Hilde Langer–Rühl: Richtlinien meiner Praxis des Klavierunterrichtes. oO April 1953, S.7.

Nach entsprechender Schulung reagiert der Körper bald so fein, dass die sichtbare Außenbewegung reduziert werden kann. Die Rückwirkung auf das Zwerchfell kann aber immer noch durch beispielsweise das Auflegen einer Hand von außen gespürt werden. So wirkt das Klavierspiel befreiend und tut nicht nur geistig und psychisch, sondern sogar auch physisch gut. Ist das nicht der Fall und fühlt sich der Musizierende nicht wohl und erweitert, so ist das ein Zeichen für eine falsche Technik.

4.11. Über die richtige Schlafhaltung und deren Bedeutung für die Gesundheit

> *„Wenn Sie also keinen `Scheuermann´-buckel haben wollen, sondern einen gesunden Rücken, schlafen Sie ab heute nicht mehr auf der Seite[245].“*

Hilde Langer–Rühl fühlte sich für die Bereitstellung einer soliden Grundlage für die gute Schlafhaltung der Menschen verantwortlich. Im Artikel: „Leichter leben und besser arbeiten[246]“ berichtet sie, dass ihrer Erfahrung nach bei Menschen, die im Schlaf hauptsächlich auf der Seite liegen, auch tagsüber die belastete Schulter in der vorgeschobenen Stellung verbleibe. Daraus ergebe sich dann zwangsläufig eine Herauswölbung der Brustwirbelsäule, was einen eingefallenen Brustkorb und einen „beginnenden Scheuermann[247]“ fördere.

In einem Vortrag im Symposium österreichischer Hochschulen[248] spricht sie vor Kollegen und einem Ministerialrat über die beste Art, sich zum Schlaf zu betten. Ihrer Ansicht nach schädigt die Seitenlage die Stellung der Wirbel zueinander im Bereich des Überganges von Hals- und Brustwirbelsäule; Schulter und Hüftgelenk werden übermäßig belastet. In der Bauchlage dagegen drückt das Körpergewicht auf die Organe, und Lunge und Herz werden besonders beschwert. Daher kommt zum Schlafen optimaler Weise nur die Rückenlage in Frage, denn in ihr können sich die

---

245 Ebd., S.18.
246 Ebd.
247 Ebd.
248 Vgl.: Hilde Langer–Rühl: Atem- und Bewegungserziehung als Ergänzung zur Gesangsausbildung. Wien, 1979, S.6.

Bandscheiben wieder erholen und mit Flüssigkeit anfüllen. Mit gerader Wirbelsäule sind auch die Nervenkanäle am wenigsten gestört oder gequetscht. Hilde Langer–Rühl ist in ihrem Vortrag sehr genau und liefert gleich die exakten Idealmaße für entsprechende Stützpolster:

> *„Ich empfehle zur Erleichterung der Zirkulation und wegen der bequemeren Lage die Beine durch ein Rheumalind - Polster 65 mal 85 (Schafwolle mit Rosshaar gefüllt) etwas höher zu lagern und außerdem unbedingt auf den Rand dieses Polsters eine Art Knierolle bzw. ein schmäleres Daunenpolster unter die Kniekehlen zu legen, damit diese unbedingt g e b o g e n, nicht durchgedrückt sind[249].“*

Den Kopf soll man zur Seite drehen,

> *„damit die Zunge nicht nach hinten rutschen kann und dadurch der Mund sich automatisch öffnet und nun schnarcht man[250]!“*

Durch diese Lagerung kommt das Hohlkreuz mehr und mehr zum Ablegen auf der Matratze und dadurch zur Entspannung. Der Bauchraum wird nervös optimal versorgt durch die weite Öffnung der zugehörigen Wirbelkanäle der Lendenwirbelsäule in dieser Lage. Die Atmung ist unbehindert, das Herz liegt unbelastet und frei.

Eine Variation der ganz geraden Rückenlage bietet sie in ihrem Aufsatz „Leichter leben und besser arbeiten[251]“:

Man kann Arm und Bein einer Seite ausstrecken, auf der anderen Seite den Arm abwinkeln und das seitlich abgewinkelte Knie seitlich aufliegen lassen. Notfalls kann man das Knie auch ein wenig durch Polster unterstützen, falls die nötige Beweglichkeit für die Abspreizung in der Hüfte noch fehlen sollte. Der Kopf dreht sich zur gewinkelten Seite hin. Auch hier die Seiten im Schlaf wechseln. Diese Haltungserleichterung gilt entsprechend auch für die Bauchlage: Eine Seite anwinkeln und den Kopf hinwenden, eine Seite ausstrecken. An anderer Stelle (s.o.) rät sie allerdings vom Schlaf in Bauchlage ausdrücklich ab:

---

249 Hilde Langer–Rühl: Atem- und Bewegungserziehung als Ergänzung zur Gesangsausbildung. Vortrag mit Röntgen -Dias, 2. Symposium Österr. Hochschulen in Bad Ischl, OÖ, vom 7. bis 12. 5. 1979, Wien, oJ, S.6
250.Ebd., S.6
251 Hilde Langer–Rühl: Leichter leben und besser arbeiten. In: Atem und Mensch. 18. Jahrgang, Heft 3/ 76, S.20

„Durch BAUCHLAGE beim Schlafen entsteht ein viel zu starker Schwergewichtsdruck auf das Herz und alle Organe[252]!“

Es ist bemerkenswert, dass sie die Probleme, die durch die Seitenlage hervorgerufen werden können, als das größere Übel ansieht als die, die in der Bauchlage für die Halswirbelsäule entstehen können.

Solch rigorose Forderungen an die Selbstkontrolle und -regulierung des Schläfers erklären sich besonders aus der Qualität der Matratzen, die bis in die Mitte des letzten Jahrhunderts hinein Verwendung fanden – Schaumstoff oder Federkern, oft wohl ausgeleiert und in ihrem Aufbau unergonomisch. Hilde Langer–Rühl sieht diese Situation sehr genau und stellt ihren Lesern die Frage:

„Ihre Matratze hat eine Schlafmulde und die Sprungfedern des Drahteinsatzes sind auch schon ausgeleiert? Sie müssen das sofort ändern[253]!“

und erteilt Ratschläge, wie eine alte ausgediente Schlafstätte durch Einsätze, untergestellte Beinklötze oder neu gestopfte Matratzen wieder brauchbar gemacht werden kann.

Sie nimmt hier Stellung zum persönlichen Bereich der individuellen Schlafhaltung ihrer Schüler ebenso wie zu dem ihrer anonymen Leserschaft und erteilt nicht etwa Tipps und Ratschläge, sondern stellt deutliche Ge- und Verbote auf:

„Erlauben Sie sich niemals ein formloses `Ins-Bett-Fallen´, sondern konzentrieren Sie sich durch diese Lageübung darauf, Ihre instinktsichere Schlafstellung zu finden! Man darf nur zwischen Rücken- oder Bauchlage entscheiden[254]!“

Diese unerbittliche Strenge entsprang wohl Hilde Langer–Rühls Forderung an die Menschen, die Verantwortung für sich hundertprozentig selbst zu übernehmen, sowie ihrer begeisterten Überzeugung, Abhilfe für einige Schwierigkeiten gefunden zu haben und die Betroffenen nun aufrütteln und anleiten zu müssen.

Heute, im Zeitalter der Unantastbarkeit der Selbstbestimmung der Person sowie der daraus logisch entstandenen „unverbindlichen Tipps“, kann solch eine absolutistische

---

252 Hilde Langer–Rühl: Atem- und Bewegungserziehung als Ergänzung zur Gesangsausbildung. Wien, 1979, S.6.
253 Hilde Langer–Rühl: Lebenshilfe für alle über 50. In: Atem- die Zeitschrift für Atempflege. 9. Jahrgang, Heft 4/ 1967, S.13.
254 Hilde Langer–Rühl: Leichter leben und besser arbeiten. In: Atem und Mensch, 18. Jahrgang, Heft 3/ 76, S.20.

Wortwahl leicht als Übergriff empfunden werden. Beim Rezipienten rufen natürlich starke Formulierungen ebenfalls starke Emotionen hervor: Entweder schließt er sich der Intensität an, hat vielleicht sogar ein schlechtes Gewissen, wenn er selbst sich nicht optimal verhält; oder er polarisiert, empört und wehrt sich gegen diese bestimmende, tadelnde oder gar verurteilende Haltung – gleichgültig lassen ihn solche Aussagen wohl nicht. Sie müssen aber natürlich auch aus der Zeit heraus verstanden werden, in der sie getroffen wurden, in der insgesamt viel autoritärer formuliert wurde als heute.

Dieser besondere Appellcharakter und diese Schonungslosigkeit von Hilde Langer–Rühls Äußerungen waren einerseits immer wieder Ursache für Ablehnung ihrer Person oder ihrer Methode; andererseits waren gerade sie mit verantwortlich für den großen und oft so besonders erfolgreichen Einfluss, den sie auf Menschen hatte.

4.12. Aktualität der Arbeitsweise Hilde Langer–Rühls

> *„Zunächst müssen bei allen bei mir Studierenden die schlechten Alltagsgewohnheiten abgebaut und in natürliche, dem Atemrhythmus angepaßte Bewegungen richtiggestellt werden[255].“*

Dieses Kapitel stützt sich auf Informationen aus dem Buch „Pilates. Das große Übungsbuch[256]“ und stellt in Umrissen die Verbindung zu Hilde Langer–Rühls Körperarbeit her. Das Buch schien aufgrund seiner gut verständlichen Einführung in die Theorie der Körperbildung und seiner Aktualität (Erscheinungsjahr 2004) besonders geeignet, als Möglichkeit für einen Vergleich mit den Anforderungen, die nach heutigem Wissensstand in diesem Bereich das Qualitätskriterium bilden, zu dienen.

Es ist heutzutage unbestritten, dass eine gute Haltungsgymnastik in der Kräftigung, Stabilisierung und Mobilisierung der die Wirbelsäule stützenden oder umgebenden Muskulatur (engl. CORE Training) besteht. Die gute Funktion der Stützmuskulatur ist

---

255 Hilde Langer–Rühl: Leichter leben und besser Arbeiten. In: Atem- die Zeitschrift für Atempflege. 18 Jhg, Heft 3/ 1976, S.21.
256 Robinson, Lynne: Pilates: Das große Übungsbuch. Verlagsgruppe Weltbild, Augsburg 2004.

für jede Bewegung von großer Bedeutung, da sie dabei den Körper in Balance hält. Die Hauptstabilisatoren stützen die Wirbelsäule und halten die Wirbel in guter Relation zueinander, das heißt beweglich, aber nicht außerhalb des optimalen Maßes.

> *„Diese Muskeln bilden eine Art natürliches Korsett, einen `Kraftgürtel´ um die Körpermitte, sodass alle Bewegungen leicht und sicher ausgeführt werden können. Diese stabile Stütze ist für uns genau so wichtig wie für einen Kran ein stabiler Sockel, wenn sein lang ausladender Arm bewegt wird[257]“.*

Arbeitet die Haltemuskulatur nicht gut, so werden die einzelnen Körpersegmente nicht ausreichend stabilisiert, und die Bögen der Wirbelsäule verstärken oder verflachen sich. Die haltungsstabilisierende Muskulatur bleibt dadurch zu lange überdehnt und erschlafft schließlich, und Muskeln, die eigentlich zum Bewegen gedacht sind, müssen die Haltungsarbeit mit übernehmen. So werden die Bewegungsabläufe von den falschen Muskeln ausgeführt, und die entstehenden uneffizienten Bewegungsmuster werden im Muskelgedächtnis sowie im Gehirn gespeichert. Die Muskulatur gerät so als Ganzes aus dem Gleichgewicht:

> *„Zu kurze, straffe und zu lang gedehnte, `ausgeleierte´ Muskeln, kraftlose Stabilisatoren und überaktive Mobilisatoren gleichen falsche Bewegungsmuster aus, sodass die falschen Bewegungen als normal empfunden und ständig wiederholt werden. Das Nervensystem akzeptiert dieses Bewegungsmuster schließlich und gibt den entsprechenden Input an das Gehirn weiter[258].“*

Die Fasern der Bewegungsmuskeln sind aber für dieses unaufhörliche Halten und Stützen nicht geeignet: Sie ermüden viel schneller als die der Haltemuskeln. Zusätzlich hemmt der statische Gebrauch ihre motorische Funktion, das bedeutet, dass ihr guter Muskeltonus sowie die Geschwindigkeit und die Geschicklichkeit leiden. Dieser falsche Gebrauch wird aber geübt und abgespeichert und in Folge durch Benützung verstärkt.

---

257 Ebd., S.10f.
258 Ebd., S.12.

Einen Ausweg aus diesem Teufelskreis bietet das stärkende Training der Stabilisatoren, denn dies entlastet die Mobilisatoren. Aus solch einem gut gestützten System können dann wieder freie Bewegungen erwachsen.

Es ist für jede Art von Bewegungsschulung relevant, dass das Gehirn Bewegungen als komplette Abläufe, nicht als gesondert zu betrachtende Funktionen oder Aktionen von Muskeln speichert. Wenn man also seine Bewegungen optimieren will, muss man den gesamten Bewegungsinput verändern. Das geschieht, indem die stabilisierenden und mobilisierenden Muskeln neu ausbalanciert werden und wieder in ihrer von Natur aus zugedachten Funktion gebraucht werden. Durch das Üben und Wiederholen der richtigen Bewegungsmuster erhält das Gehirn nun die passenden, optimierten Aufträge für natürliche Bewegungen, die neu gespeichert und deren falsche alte Funktionsketten sozusagen überschrieben werden[259].

Hilde Langer–Rühl beschritt schon zu ihrer Zeit diesen heute als effektiv erkannten Weg der Körperarbeit: Mit klarem Bewusstsein für die Bedeutung der Zusammenhänge zwischen Haltung und Bewegung trainierte sie die stabilisierende Rumpfmitte, in Bodenlage, Vierfüßlerstand, Sitzen und Stand. „Körperliche Fitness war ihr wichtig[260].“ Zusätzlich kontrollierte sie die Effektivität der Haltung und der Spielbewegungen, die sich die Studenten in Zusammenarbeit mit den Instrumentallehrern angeeignet hatten. Überflüssiges, Übertriebenes, Undeutliches – all dies wurde auf seine Übereinstimmung mit der atmenden musikalischen Intention geprüft und eine stimmige Lösung gesucht.

259 Vgl.: Ebd., S.12.
260 Robert Wolf, Gespräch in Wien, vom 22.06.2006.

5. Die Werte, nach denen Hilde Langer–Rühl lebte und lehrte

> *„Die Natur sucht jedoch immer wieder einen Ausgleich! Jeden Defekt versucht sie zu überbrücken. Man muss nur wieder einen Spürsinn dafür bekommen und nicht gegen, sondern mit Hilfe der Natur in uns seine Arbeit tun. Dazu kann man erzogen werden, das kann man lernen! Dann wird man immer wieder aus den tatsächlichen Gegebenheiten das Beste leisten. Daraus wächst dann auch im tiefsten Sinn die Kraft, sich selbst auf sich zu nehmen, wie man ist, um daraus zu werden, wie man sein soll[261].“*

Diese Forderung Hilde Langer–Rühls nach Selbsterkenntnis und Selbstakzeptanz [siehe auch 3.6.] wiederholt sie in vielen ihrer Aufsätze als Schlusssatz und Conclusio - für uns Menschen eine große Herausforderung, denn sie bedeutet, die eigenen Grenzen physischer oder psychischer Natur aufrichtig zu suchen, zu erkennen und anzuerkennen, um dann zu erforschen:

- Was ist mir möglich oder unmöglich mit meinen ureigenen Ressourcen und Hemmnissen?
- Wohin kann oder soll ich mich entwickeln?
- Inwieweit kann ich meine Grenzen dadurch überschreiten, dass ich sie akzeptiere?

Unterstützung für dieses Sich- Erfahren und Sich- Annehmen kommt aus ihrer Sicht von verschiedenen Seiten:

- aus der Person des Lehrers, der unermüdlich für seine Schützlinge da ist[262],
- aus Atem und Stimme[263],

261 Hilde Langer–Rühl: Konzentration und Gleichgewicht der Kräfte bei der künstlerischen Leistung des Musikers. In: Musik-Erziehung. Jahrgang 29 Heft 2/1975, Österreichischer Bundesverlag Wien, S.69.
262 Vgl.: Ebd.
263 Vgl.: Hilde Langer–Rühl: Atem und Stimme als Helfer zur Persönlichkeitsentfaltung und Gesundheit. oOoJ, S.13.

- aus den selbstverantwortlich und konsequent absolvierten Übungen zur Erhaltung und Verbesserung der körperlichen Fähigkeiten[264] sowie
- aus dem Gesetz des Rhythmus als Verbindung zur Natur[265].

Hilde Langer–Rühl beruft sich bei der Begründung der Atem- und Stimmarbeit auf die Erkenntnisse der Heilkunst zur Zeit der europäischen Antike. Genau wie bei den asiatischen Kulturvölkern wurde damals auch im Abendland angenommen, dass Leib und Seele eine Einheit bilden, nur wurde dieses Wissen bei uns in den letzten zweitausend Jahren zurückgedrängt. Erst in der naturphilosophischen Schule zur Zeit der Romantik wurde der menschliche Organismus durch die Idee der „Totalität des Seins[266]" wieder als Leib-Seele–Wesen anerkannt. Hilde Langer–Rühl zitiert Goethe aus seinem Essay „Die Natur[267]", in der er rät, dieser die Führung im Leben zu überlassen, da sie sie sowieso inne hat. Diese der Natur zugewandte Haltung sieht sie als Voraussetzung dafür, dass der Körper als „Erscheinungsform der Seele[268]" wieder bejaht wurde und dass die Bedeutung des Atems für Pädagogik und Therapie im 19. Jahrhundert wieder zugenommen hat. In direkter Nachfolge auf dem Weg zur Natürlichkeit stehen für sie Leo Kofler, Clara Schlaffhorst und Hedwig Andersen, und als deren „Lehrbeauftragte[269]" sie selbst.

5.1. Eine höhere Macht als ordnendes Prinzip

> *„Inmitten des langsamen Zerfallvorganges in unserem Körper gibt uns das ewig Gültige, die Gesetzmäßigkeit bis zum letzten Atemzug das Bewusstsein von dem, was nicht vergeht[270]."*

Hilde Langer–Rühl sah den Menschen einem höheren Gesetz untergeordnet und spricht von

---

264 Vgl.: Hilde Langer–Rühl: Zwerchfelldynamik, Atemführung und Körperhaltung beim Musizieren. oO, 1980, S.5.
265 Vgl.: Hilde Langer–Rühl: Atem- und Bewegungshilfe für Alternde. In: Atem- die Zeitschrift für Atempflege. 8. Jahrgang, Heft 2/ 1966, S.18.
266 Vgl.: Hilde Langer–Rühl: Zwerchfelldynamik, Atemführung und Körperhaltung beim Musizieren. oO, 1982, S.1.
267 Ebd.: hier zitiert Hilde Langer–Rühl J.W.v. Goethe: "Die Natur". aus dem Tiefurter Journal 1783.
268 Ebd.: hier zitiert Hilde Langer–Rühl Ludwig Klages.
269 Ebd., S.1f.
270 Hilde Langer–Rühl: Atem- und Bewegungshilfe für Alternde. In: Atem- die Zeitschrift für Atempflege. 8. Jahrgang, Heft 2/ 1966, S.18.

„der großen Gesetzmäßigkeit, die in seinem Mikrokosmos wie in der Unendlichkeit des Weltraumes waltet[271]*."*

Der Mensch muss lernen,

„eine Kraft zu erkennen, die mehr ist als er selbst. Wenn er sich ihrer Gesetzmäßigkeit unterstellt, vermag er sich immer wieder in ein naturhaftes Gleichgewicht zu bringen[272]*".*

In ihren Texten erscheint fast als Synonym zum Gottesbegriff der Naturbegriff:

„Durch die Auseinandersetzung mit der Atmung lernt der Mensch erkennen und achten, daß in ihm eine Kraft in wunderbarer Weise schafft, die mehr ist als sein Ich, die ihm eine Mitte, ein `In-sich-Ruhen´ schenkt. Diese Natur [...] hilft uns immer[273]*."*

Die Natur schenkt dem Menschen bei der Geburt die Atmung als Lebensspender. Mit ihr erhalten wir „das Gesetz des Rhythmus" als „etwas ewig Gültiges, Gesetzmäßiges, das von keiner Macht der Welt zu ändern oder zu zerstören ist." Ist man dieser „Gesetzmäßigkeit des Lebens" im Rhythmus treu, so erhält man „die richtige Verbundenheit mit der Natur[274]."

Auch „das Leben" ist eine mögliche Formulierung Hilde Langer–Rühls für die ordnende, schaffende Kraft im Universum:

„Es entzieht sich unserer Kenntnis, welcher Ökonomie sich das Leben bedient, damit ein genialer Mensch entsteht[275]*."*

Und sie spricht auch direkt von etwas Göttlichem, vom

„Insichruhen [...] und dem Geborgensein in der großen göttlichen Ordnung[276]*."*

Cornelius Langer bestätigt die tiefe, aber nicht dogmatische Religiosität seiner Mutter[277]:

---

271 Hilde Langer–Rühl: Atmung und Stimme im Dienste der Psychologie, Stimmheilkunde und Musikerziehung. In: Separatum aus Foliae phoniat. 18: 218-224 (1966), S.224.

272 Hilde Langer–Rühl: Neurasthenie, Atmung und Stimme. Sonderdruck aus: Atem. Heft 4/1965, Seite 4.

273 Hilde Langer–Rühl: Atmung und Stimme im Dienste der Psychologie, Stimmheilkunde und Musikerziehung. In: Separatum aus Foliae phoniat. 18: 218-224 (1966), S.224.

274 Alle aus: Hilde Langer–Rühl: Atem- und Bewegungshilfe für Alternde. In: Atem- die Zeitschrift für Atempflege. Helfer Verlag Bad Homburg, 8. Jahrgang, Heft 2/ 1966, S.18.

275 Hilde Langer–Rühl: Atmung und Stimme im Dienste der Psychologie, Stimmheilkunde und Musikerziehung. In: Separatum aus Foliae phoniat. 18: 218-224 (1966) , S.223.

276 Hilde Langer–Rühl: Neurasthenie, Atmung und Stimme. Sonderdruck aus: Atem. Helfer Verlag, Bad Homburg Heft 4/1965, S.4.

„Kaum bekannt wurde, dass Hilde Langer–Rühl in ihren letzten Lebensjahren von den Arbeiten der Sterbeforscherin Frau Dr. Elisabeth Kübler- Ross und anderen beeinflusst, ihre gesamte Einstellung auch zur eigenen Lebensarbeit relativiert hatte: Die wahre Bestimmung des Menschen liege in der Loslösung von körperlichen Voraussetzungen. Nur in der Seele sei ewiges Leben, das in mehreren Reinkarnationen (Erdenbesuchen) zu einer göttlichen Reife führt. „Es gibt keinen Tod" war zuletzt ihre feste Überzeugung. „Geistiges Leben kann nicht enden." In diesem Sinne wollte sie auch die Verabschiedungen nach ihrem Tod gestaltet wissen[278]."

5.2. Das Frauenbild

„Gerade die nachschaffende Frau könnte und müsste durch ihre größere Naturnähe, ihre Mütterlichkeit, noch das Empfindungsvermögen für den natürlichen Ablauf inneren Geschehens und äußerer Bewegung haben. Vielfach hat sie es leider nicht mehr[279]."

Über Hilde Langer–Rühls Frauenbild ist wenig Schriftliches erhalten. Im zitierten Text postuliert sie eine nähere Verbindung der Frau zu ihrem Körper, zu ihren Gefühlen und den natürlichen Vorgängen (s.o.). Dass Frauen ihrer Meinung nach im musikalischen Berufsleben den Männern gegenüber benachteiligt sind, ist folgender Bemerkung zu entnehmen:

„Dieses sensationelle Spiel der Fagottistin fiel inzwischen auch den Prüfern bei einem Probespiel in Göteborg / Schweden so auf, daß die junge Frau trotz vieler männlicher Bewerber sofort engagiert wurde [...][280]."

Hilde Langer–Rühl verfolgte selbst sehr emanzipiert ihre beruflichen Ziele und hatte nicht nur in der Hochschule, sondern auch innerhalb ihrer eigenen Familie einen sehr hohen Status[281].

277 Cornelius Langer, Gespräch in Wien, 6. Mai 2006. Siehe auch Kapitel: Gespräch mit Cornelius Langer.
278 Cornelius Langer, Zitat aus Telefonat vom 29. Juni 2007, in dem er die Weltanschauung seiner Mutter wiedergibt.
279 Hilde Langer–Rühl: Richtlinien meiner Praxis des Klavierunterrichtes. oOoJ, S.3.
280 Hilde Langer–Rühl: Atem- und Bewegungserziehung als Ergänzung zur Gesangsausbildung. Wien, 1979, S.4.
281 Cornelius Langer, Gespräch in Wien, 11. August 2009

5.3. Hilde Langer–Rühls Lehrerbild – ein hohes Ideal

„Ich glaube, dass wir Lehrer nicht nur zu einem spezialisierten FACHUNTERRICHT berufen sind, sondern in dem s o t i e f GEFÄHRDETEN MENSCHENDASEIN a u f g e r u f e n s i n d , über das Fachgebiet hinaus UNERMÜDLICH zu HELFEN und zu ORDNEN[282]!

Hilde Langer–Rühl hegt einen sehr hohen Anspruch an die persönlichen Qualitäten und Fähigkeiten eines Lehrers. Der Pädagoge soll in höchstem Maße die Verantwortung für seinen Schüler übernehmen und zwar nicht nur, was dessen Fortkommen im spezialisierten Fachunterricht angeht. Weit darüber hinaus gehend fordert sie:

„Der Lehrer hat die Aufgabe, jedem Schüler zur Befreiung all seiner Möglichkeiten, in seinen Grenzen, zu verhelfen[283].“

Seinen Schülern soll der Lehrer „Geduld und Güte dem Lebendigen gegenüber[284]“ entgegenbringen, welche er selbst durch physisches oder psychisches Leiden gelehrt bekommt oder bekommen hat. Hier erläutert sie zwar nicht, ob es um das Leiden des Lehrers selbst geht oder um das Beobachten und Bearbeiten von Leid an Schülern und anderen Menschen. Aber in jedem Falle ist sein großes Verständnis für menschliche Schwächen und Bedrängnisse gefordert.

Auch die Grenzen des Lehrer–Schüler-Verhältnisses sieht Hilde Langer–Rühl sehr genau: Nur in dem Falle, in dem eine Wesensverwandtschaft, eine Ähnlichkeit des Typus von Lehrer und Schüler besteht, ist die Nachahmung ein fruchtbarer Vorgang. Bestehen allerdings große Unterschiede zwischen beiden, kann Nachahmung sogar gefährlich sein. Damit der Student seine ihm gemäße Seinsweise finden kann, muss er klar folgern:

„Jetzt werde ich `Ich – selbst´, das bin ich, und nicht: jetzt bin ich so und spiele oder singe wie mein Lehrer[285].“

---

282 Hilde Langer–Rühl: Zwerchfelldynamik, Atemführung und Körperhaltung beim Musizieren. oO, 19.11.1980, S.5.
283 Hilde Langer–Rühl: Musik und Atem. In: Atem. 5. Jahrgang, Heft 2/1963, S.3.
284 Hilde Langer–Rühl: Musik und Atem. In: Atem. 5. Jahrgang, Heft 2/1963, S.4.
285 Hilde Langer–Rühl: Atemarbeit in der Musikerziehung In: Atem- die Zeitschrift für Atempflege. 14. Jhg, Heft 2/ 1972, S.28.

Der Lehrer übernimmt in dem Moment, in dem er einen Menschen zum Unterricht annimmt, die Verantwortung, dass aus diesem Schüler etwas wird. Es muss diesem dadurch nicht unbedingt eine Starkarriere möglich werden, aber er soll

> *„im Rahmen s e i n e r MÖGLICHKEITEN zur vollen Entfaltung seiner geistigen, seelischen und physischen Kräfte [...] kommen[286].“*

Der Pädagoge muss dem Studenten eindeutig zeigen, dass dieser sich selbst und seine Möglichkeiten und Schwächen erkennen muss. Er muss Bescheid wissen, welche momentan vorhandenen Fähigkeiten er nur seiner Jugend verdankt, die aber mit zunehmendem Alter verloren gehen werden, falls er sich nicht um deren Erhaltung bemüht. Und er muss diejenigen Bereiche in sich selbst kennen, die er immer nur durch Arbeit und Übung bewältigen können wird.

> *„Wir Lehrer müssen unsere Studenten zu der Erkenntnis bringen, von welchem Fundament täglicher Gewissenhaftigkeit in der Arbeit an sich selbst und im Studium der AUFSTIEG ausgehen muss, wenn er wirklich zur Höhe des Ungewöhnlichen gelangen soll[287].“*

Den Drang und das Bedürfnis junger Menschen nach (Selbst-)Verwirklichung beantwortet sie als Folge ihrer Erkenntnisse mit einer eigenen Definition:

> *„Er entdeckt dann die Vorbedingung alles dessen, was VERWIRKLICHUNG heißt: nämlich GEDULD UND HINGABE AN DIE ARBEIT[288]!“*

Ein langer oder großer Atem, den der Lehrer beim Schüler fördern soll, bezieht sich dabei nicht nur auf die Phrasierung in der Musik, sondern als menschliche Einstellung, auf ein „Durchhaltenkönnen in der Arbeit und gegenüber dem Schicksal, im LEBEN[289].“

Hilde Langer–Rühl war sich bewusst, wie viel psychologisches Geschick dazu gehört, falls es gilt, einen Musiker zu betreuen, dessen ungenügende körperliche Voraussetzungen eine Karriere als Profimusiker unmöglich machen.

---

286 Hilde Langer–Rühl: Zwerchfelldynamik, Atemführung und Körperhaltung beim Musizieren. Wien, Nov. 1980, S.4.
287 nach Romano Guardino in: Hilde Langer–Rühl: Zwerchfelldynamik, Atemführung und Körperhaltung beim Musizieren. Vortrag zu den Filmen 1 und 2. Wien, Feber 1982, S.4.
288 Hilde Langer–Rühl: Zwerchfelldynamik, Atemführung und Körperhaltung beim Musizieren. Wien. Nov. 1980, S.5.
289 Ebd., S.4.

„Zu einem Berufswechsel zu ermutigen und nicht zu entmutigen ist eine große Herausforderung[290].“

Der Wechsel oder besser gesagt die Abschiebung eines Instrumentalsolisten in die Musikpädagogik ist ihrer Meinung nach nicht der richtige Weg, denn besonders der Lehrer muss ja als Mensch und Musiker kompetent und ein gutes Vorbild sein.

Sie selbst sah ihre Hauptaufgabe im Klaviervorbereitungslehrgang an der Hochschule für Musik darin, die

„naturgewollte Einheit im Aufbau der Technik und der musikalischen Gestaltung bei begabten Kindern zu wecken und zu erhalten[291].“

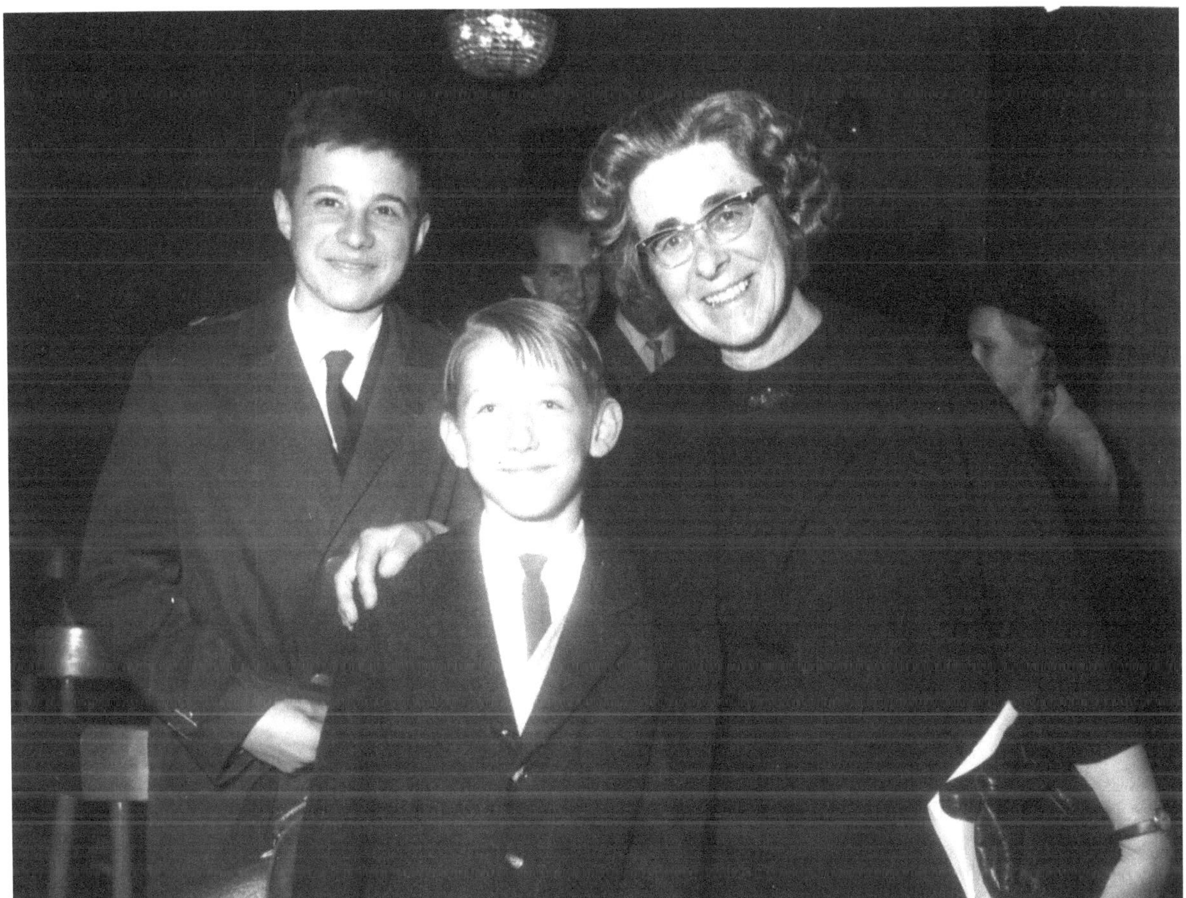

Hilde Langer–Rühl mit Schülern aus dem Vorbereitungslehrgang, Klassenabend

290 Hilde Langer–Rühl: Atem- und Bewegungserziehung als Ergänzung zur Gesangsausbildung. Wien, 1979, S.2.
291 Hilde Langer–Rühl: Konzentration und Gleichgewicht der Kräfte bei der künstlerischen Leistung des Musikers. In: Musik-Erziehung. Jahrgang 29 Heft 2/1975. Österreichischer Bundesverlag Wien. S.67f.

In den Augen der Autorin trägt Hilde Langer–Rühls Einstellung, etwas wecken zu wollen beziehungsweise zu trachten, es zu erhalten, immanent den Glauben und die Überzeugung daran in sich, dass etwas da sei, was im Verborgenen schlummert und nur auf seine Erweckung wartet. Also nicht: Man muss die Kinder musikalische Technik und musikalische Gestaltung lehren, es irgendwie in sie hineinpauken, sondern das Vorhandene, im Kind Gegebene hegen, pflegen und erwecken. Mehr noch, der Pädagoge muss darauf achten, dass die beschriebene Einheit aus Technik und Gestaltungswille erhalten bleibt, und zwar trotz seiner fördernden Arbeit! Ein sehr fortschrittlicher Gedanke, der die Gefahren und Grenzen der Pädagogik zumindest theoretisch gut erkennt und beleuchtet.

Sehr realistisch schätzte Hilde Langer–Rühl auch die Situation auf dem Musikmarkt ein. Die Tatsache, dass unzählige Musikstudenten den Sprung in die Konzertkarriere nicht schaffen, sondern ihr berufliches Hauptbetätigungsfeld in der Pädagogik finden werden, war ihr stets bewusst. Dem entsprechend sollte ihrer Meinung nach jeder Musikstudent zusätzlich zum musikalischen und technischen Wissen, das er sich während des Studiums erarbeitet, auch einen Blick für die Anlagen anderer Menschen mit ihren „Möglichkeiten, Schwächen und Grenzen[292]“ erwerben. Denn als zukünftiger Lehrer wird <u>er</u> die Verantwortung für die nächste, heranwachsende Generation von Musikern übernehmen, und ihr den Umgang mit den eigenen physiologischen Gegebenheiten beizubringen haben.

Eine weitere Aufgabe des Lehrers besteht in der Aufarbeitung von Versäumnissen durch die Eltern. Immer wieder drücken sich Eltern davor, sich wirklich mit den Begabungen, Anlagen und Schwächen ihrer heranwachsenden Kinder auseinander zu setzen, und vor allem Mütter klammern Hilde Langer–Rühls Meinung nach oft zu sehr an ihren Söhnen. Dann muss der Lehrer „geradezu eine \`Sysiphosarbeit[293]´ [sic] leisten, um Mitverantwortung für jeden Studenten übernehmen zu können.

Ebenso gehören zu den Anforderungen an einen Lehrer noch Interesse und Verantwortungsbewusstsein Menschen verschiedenster Herkunft gegenüber. Hilde Langer–Rühl berichtet, dass sie an einem Unterrichtstag nacheinander Studenten

---

292 Ebd., S.67.
293 Hilde Langer–Rühl: Atem- und Bewegungserziehung als Ergänzung zur Gesangsausbildung. Wien, 1979, S.2f.

aus Korea, Afghanistan, Schottland, Japan, Österreich, England, USA, der Tschechoslowakei, Deutschland und Kanada bei sich in „Einzeltherapie[294]“ hatte.

> *„Mit so verschiedenartigen Menschen zu arbeiten, die aus völlig ungleichen sozialen und kulturellen Verhältnissen kommen, ist ebenso interessant wie verantwortungsvoll[295].“*

294 Hilde Langer–Rühl: Atemarbeit in der Musikerziehung. In: Atem. Die Zeitschrift für Atempflege Massage Entspannung Moderne Gymnastik. 14. Jahrgang, Heft 2/ 1972, S.26.
295 Ebd., S.26.

6. Das Vermächtnis – ideell und materiell

„Für das erfolgreiche Weiterbestehen sowohl des Institutes als auch des Lehrganges wünsche ich nach meiner Pensionierung alles nur erdenklich Gute und vom Ministerium für Wissenschaft und Kunst die weiterhin bestehende so wesentliche Unterstützung und Förderung[296].“

Hilde Langer–Rühls Vermächtnis besteht aus einigen Aufsätzen und Vorträgen, zwei Filmen und einem Röntgenarchiv. Weit darüber hinaus bedeutsam sind jedoch die Entwicklung ihrer atemorientierten Arbeitsweise speziell für Musiker sowie die Leistung, einen bis heute fortbestehenden Lehrgang für Atem-, Stimm- und Bewegungsschulung an einer der bedeutendsten Musikuniversitäten der Welt mit initiiert zu haben. Sie etablierte damit schon in den siebziger Jahren eine Institution, in der die Zusammenhänge zwischen Körper, Psyche, Intellekt und deren Wechselwirkungen mit Musik ins Zentrum des Bewusstseins gerückt wurden. Den Studenten wurde hier eine Möglichkeit zur Persönlichkeitsentwicklung zur Verfügung gestellt, indem ein besonderer Zugang zum Musizieren, zum künstlerischen wie auch zum allgemein menschlichen Sein gezeigt und unterstützt wurde. Das Klima an der Wiener Musikuniversität wird bis heute dadurch beeinflusst, dass viele der damaligen Schüler Hilde Langer–Rühls oder ihrer Mitarbeiter heute selbst Lehrende am Haus sind, die sich mit diesen Parametern und Werten eingehend beschäftigt haben.

6.1. Der Lehrgang Atem-, Stimm- und Bewegungserziehung für Instrumentalisten

„Lehrziel: Vervollkommnung der Berufsausbildung sowohl für konzertierende als auch lehrende Musiker[297].“

296 Hilde Langer–Rühl: Forschungsbericht und Ziele weiterer Forschung..., Wien, 12.6.1986, S.3.
297 Hilde Langer–Rühl: Lehrgang für Atem-, Stimm- und Bewegungserziehung für Instrumentalisten. Wien, 1974.

Horst Coblenzer, Ordinarius für Sprachgestaltung am Max-Reinhard-Seminar und Franz Muhar, Primarius für Lungenheilkunde, hatten für die Einrichtung eines allgemeinen Institutes für Atem- und Stimmerziehung an der Musikhochschule gekämpft. Coblenzer übergab 1975 die Leitung an Margareta Sparber[298], Professorin in der Abteilung 7 für Sologesang und Musikdramatische Darstellung. Hilde Langer–Rühl wurde von Anfang an (seit 1974) für die Leitung des Lehrganges „Atem-, Stimm- und Bewegungserziehung für Instrumentalisten[299]" eingesetzt. 1975 bekam sie Unterstützung durch den Flötisten Robert Wolf, der nach ihrer Pensionierung am 30. September 1987 auch die Leitung übernahm. Weitere Mitarbeiter waren von 1981 bis 1984 der Sänger Wolfgang Gamerith, von 1984 bis 2002 die Sängerin Christa Schwertsik und seit 1986 der Pianist und Mediziner Bernhard Riebl[300]. 1991 wechselte die Lehrgangsleitung zu Bernhard Riebl und der Sänger Johann Leutgeb löste Robert Wolf[301] ab. Als Christa Schwertsik 2002 pensioniert wurde, übernahmen Sabine Günther (Klavierpädagogin, Juristin), Coretta Kurth (Sängerin) und Sabine Skopal (Rhythmikerin, Klavierpädagogin) ihre Stunden.

> *„Der Vorteil des selbstständigen Lehrganges bringt es mit sich, dass auch Wiener Philharmoniker und Symphoniker bei mir inskribieren, die längst dem Studium an einer Hochschule entwachsen sind[302]."*

Da der Lehrgang im Jahr 2004[303] umstrukturiert wurde und sich seither finanziell selbst tragen muss (Lehrgangsgebühren derzeit 1200,- Euro pro Semester), ist sein Besuch für Studenten eindeutig zu teuer. Speziell den Bemühungen von Bernhard Riebl und Studiendekan Walter Würdinger mit Unterstützung von Studiendekan Wolfgang Heißler ist es zu verdanken, dass zusätzliche Lehrangebote eingerichtet wurden. Diese ermöglichen in direkter Fortsetzung des Lehrganges den Studierenden, im Rahmen des normalen Studiums mit den „alten" Unterrichtsinhalten zu arbeiten: Die freien Wahlfächer „Individuelle Atem- und Bewegungsarbeit" bzw. „Individuelle Atemübungen für Bläser" für Studenten mit instrumentalem Hauptfach (anrechenbar im Schwerpunkt „Integrative Atem- und Bewegungsarbeit") sowie „Atem- und Körperarbeit" für Instrumentalpädagogik-Studenten (anrechenbar im

---

298 Aus: em.o.HSProf. Mag. Margaretha SPARBER. http://www.mdw.ac.at/upload/MDWeb/instas/pdf/Sparber.pdf. download vom 08.10.2011
299 Hilde Langer–Rühl: Kann man atmen lernen? Wien, oJ, S.3.
300 Vgl. Email vom 08.01.2008 von Erwin Strouhal.
301 Bettina Mayr, Personalabteilung der Musikuniversität Wien, Telefonat vom 14.04.2008.
302 Hilde Langer–Rühl: Zwerchfell und Wirbelsäule beim Atmen, Singen und Musizieren. oO, 1979, S.1.
303 Vgl.: Mitteilungsblatt vom 23.6.2004.

Modul „Musikphysiologie in Theorie und Praxis") können für zwei bis maximal vier Semester belegt werden. Jede Lehreinheit dauert hier eine halbe Unterrichtsstunde lang (das entspricht 22,5 Minuten) und erfolgt einmal wöchentlich als Einzelunterricht.

Gelehrt wurde im Laufe der Jahre in unterschiedlichen Räumen in der Operngasse, in der Penzinger Straße, in der Seilerstätte und in der Paniglgasse. Heute findet der Unterricht in einem kleinen, gut ausgestatteten Extratrakt im Hauptgebäude der Musikuniversität in 1030 Wien, Anton-von-Webern-Platz Nr. 1, Eingang Ungargasse 14, statt.

6.1.1. Schwerpunkte und Ziele des Lehrgangs

> *"Bei entsprechender Schulung wird der Atem zum Träger der Ausdrucksgestaltung. Deshalb ist es notwendig, neben technischer und musikalischer Fertigkeit auch die gesamtkörperlichen Anlagen zielbewusst auszubilden[304]."*

Hilde Langer–Rühl sah die Aufgabe des Lehrgangs darin, dem Studierenden zu helfen, die „ihm entsprechende SYNTHESE zwischen Atemführung und Musizieren[305]" zu finden. Diese Zusammenwirkung wurde erarbeitet, geübt und dann

> *„immer wieder am Instrument erprobt. Sie gewährleistet erst ein natürliches, gelöstes Spiel, das von der Intention getragen wird[306]."*

Der damalige Lehrplan sah Folgendes vor:

> *"1. Atem- und Bewegungsschulung mit Hilfe der Stimmerziehung auf Grund langjähriger Praxis und neuer wissenschaftlicher Erkenntnisse.*
>
> *2. Vermittlung anatomischer Kenntnisse des Atemvorganges und des Bewegungsablaufs beim Spielen.*

304 Hilde Langer–Rühl: Informationsblatt von Hilde Langer–Rühl. Wien, 1974.
305 Hilde Langer–Rühl: Bericht über Forschungstätigkeit. Wien, 30.11.1980, S.1.
306 Ebd., S.1.

3. Synthese der Atemschulung und Spielbewegung in der Spielpraxis. Wiederherstellung der ursprünglichen Einheit zwischen Atemrhythmus und Spielphrasierung.

4. Individuell angepasste Übungen zur Überwindung von Spielstörungen Haltungsschäden, Verkrampfung, Erschlaffung, Konzentrationsschwäche, Gedächtnisversagen, Überwindung psychischer Hemmungen.

5. Praktische Hinweise für die Unterrichtserteilung. Zusammenarbeit mit dem Atemphysiologischen Institut der II. Chirurgischen Universitätsklinik, Leiter Univ. Dozent Dr. Franz Muhar[307]."

Der Unterricht umfasste auch „eine orthopädische Haltungsschulung im Zusammenhang mit der Atmung" durch Haltungsturnen, da es

> *„in unserer Zeit zu viele Verspannte, Wachstums- und Haltungsgeschädigte sowie durch Fehlhaltungen beim Spielen gehemmte Menschen gibt[308]."*

Eine „Orthopädie der Seele[309]" wurde und wird in Form von psychischer, moralischer oder persönlicher Unterstützung angestrebt. Als Lehrer im Lehrgang kann daher nur tätig sein, wer selbst Musiker ist und daher die besondere Situation dieser Berufsgruppe kennt, und wer zusätzlich zu seinen allgemeinen Kenntnissen die Atemschulung betreffend auch über spezielles Können und Wissen im Bereich der Übertragung dieser Atemschulung auf das Instrumentalspiel verfügt.

Ziel des Lehrganges ist, dass der Organismus des Musikers

> *„durchlässig und antwortbereit wird, dass alle Hohlräume, Gelenke und Knochen und die gesamte Muskulatur m i t s c h w i n g e n können mit dem gesungenen u n d dem gespielten TON[310]."*

---

307 Hilde Langer–Rühl: Informationsblatt von Hilde Langer–Rühl. Wien, 1974.
308 Hilde Langer–Rühl: Bericht über Forschungstätigkeit. Wien, 30. 11.1980, S.1f.
309 Hilde Langer–Rühl: Einführungsvortrag zum II. Film „Atemführung und Körperhaltung beim Musizieren". Wien, 1981, S.1.
310 Hilde Langer–Rühl: Forschungsbericht. Wien, Juni 1986, S.2.

6.1.2. Der typische Ablauf einer Unterrichtsstunde bei Hilde Langer–Rühl

> *„Jede Unterrichtsstunde bei mir beginnt deshalb konsequent mit Bewegungs- und Balanceübungen, selbstverständlich atemtechnisch gesteuert[311].“*

Zunächst wurde durch Atemübungen auf dem Boden, Schwing- und Bewegungsübungen sowie Übungen in Balance die „Rückführung zur unwillkürlichen, nicht gemachten Einatmung[312]“ der Organismus des Studierenden zur Mitarbeit vorbereitet. Diese halfen, den Organismus aufzulockern und so für eine „natürliche Spielbewegung[313]“ frei zu machen.

Danach wurde immer gesungen, da sich im Stimmklang die beste Möglichkeit einer Kontrolle findet, ob Atem und Bewegung wirklich frei und gut geführt werden[314].

> *„Das Erleben der Phonationsreflexe erleichtert auch die Assoziationsfähigkeit den Bewegungsreflexen gegenüber, die sich aus der richtig geführten Spielbewegung beim Instrumentalisten ergeben[315].“*

Schließlich folgte die eigentliche Arbeit am Instrument, für die beispielsweise folgende Anliegen und Arbeitsziele galten[316]:

- Grundsätzliches Erfassen der körperlichen Anlagen des Studenten, um ihn in die Lage zu bringen, die Kapazitäten seines Körpers voll auszunützen[317],
- das Erlernen einer Spielweise, bei der man Hand und Arm während des Spiels in minimalen Pausen entspannen kann, um ganze Konzertprogramme zu erarbeiten und auszuführen, ohne übermäßig zu ermüden[318],

---

311 Hilde Langer–Rühl: Atemarbeit in der Musikerziehung. In: Atem. Die Zeitschrift für Atempflege – Massage - Entspannung, Moderne Gymnastik. 14. Jahrgang, Heft 2, 1972, S.26.
312 Ebd., S.27.
313 Ebd., S.27.
314 Vgl.: Hilde Langer–Rühl: Zwerchfelldynamik, Atemführung und Körperhaltung beim Musizieren. Wien 1980, S.2.
315 Hilde Langer–Rühl: Atemarbeit in der Musikerziehung. In: Atem. Die Zeitschrift für Atempflege – Massage - Entspannung, Moderne Gymnastik. 14. Jahrgang, Heft 2, 1972, S.27.
316 Vgl.: Ebd., S.26ff.
317 Vgl.: Ebd., S.26.

- die Entfaltung seiner allgemeinen Empfindungsfähigkeit[319],
- das Steigern der Schwingungsfähigkeit und der Möglichkeit zur Resonanz im Körper[320],
- die Verbesserung der Ökonomie im gesamten Organismus zum Reduzieren von Ermüdung durch Fehlspannungen[321],
- die Rückführung zur unwillkürlichen Einatmung (s.o.),
- die Vervollkommnung des Zustandes einer inneren „Wachheit der geistigen Zuwendung[322]“ als Grundlage der reflektorischen Einatmung, aber auch einer gelungenen Interpretation insgesamt.

Die für die vorliegende Arbeit befragten Schüler und Kollegen erkannten und formulierten – zumindest im Nachhinein – folgende Ziele der Arbeit Hilde Langer–Rühls[323]:

- Steigerung und Bereitstellung von Muskelkraft und Energie.
- Wahrnehmen, Entwickeln und Stärken eines Bewegungszentrums.
- Entwickeln eines natürlichen Apoggios.
- Training der reflektorischen Atemergänzung.
- Schulung der Wahrnehmung des Atemgeschehens und deren Anwendung im künstlerischen Ausdruck.
- Schulung von Weite-Empfindung und Elastizität in Körper und Geist.
- Hinführung zum Instrument.
- Wecken eines „musikalischen Verantwortungsgefühls“ gegenüber Komponist und Werk.
- Unterstützen und Stärken der individuellen Persönlichkeit des Schülers.

---

318 Vgl.: Ebd., S.27f.
319 Vgl.: Ebd., S.27.
320 Vgl.: Ebd., S.27.
321 Vgl.: Ebd., S.27.
322 Ebd., S.26ff.
323 aus Gesprächen mit Schülern und Kollegen, s.u.

6.2. Hilde Langer–Rühls Übungen

„Auf alle Fälle ist es sicher, daß es uns allen besser geht, wenn wir täglich wenigstens 10 – 15 Minuten zielgerichtet und atemverbunden turnen. Nicht trainierte Gelenke versulzen, sind unterernährt und unterversorgt, weil die Gelenksflüssigkeit in ausreichender Menge n u r bei Bewegung einfließt[324]*."*

Die im Folgenden vorgestellten Übungen inklusive Anmerkungen zu deren Zielen und korrekter Ausführung veröffentlichte Hilde Langer–Rühl in ihrem Vortrag „ATEM- und Bewegungserziehung als Ergänzung zur Gesangsausbildung[325]". Weitere ihrer Übungen finden sich beispielsweise in „Wirbelsäule, Gelenke und Atmung[326]" sowie in Romeo Alavi Kias Buch: „Stimme, Spiegel meines Selbst[327]".

Einige Übungen:

Ausgangsposition[328]:

Rückenlage auf dem Boden (mit Teppich oder Decke als Unterlage), die Arme abgewinkelt neben dem Kopf abgelegt, die Knie abgewinkelt, die Füße aufgestellt.

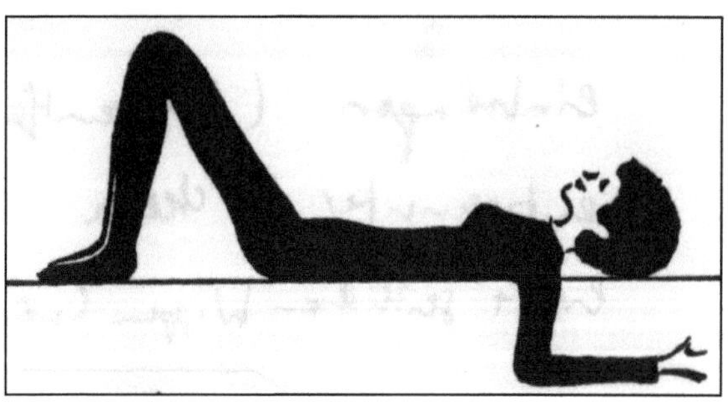

324 Hilde Langer–Rühl: ATEM- und Bewegungserziehung als Ergänzung zur Gesangsausbildung. Wien, 1979, S.7f.
325 Ebd., S.5f.
326 Hilde Langer–Rühl: Wirbelsäule, Gelenke und Atmung. In: Atem- die Zeitschrift für Atempflege. 12. Jahrgang, Heft 1/ 1970, S.1ff.
327 Romeo Alavi Kia: Stimme. Spiegel meines Selbst. Ein Übungsbuch. Aurum Verlag Bielefeld, 2004, S.92ff.
328 Die folgenden Bewegungsskizzen stammen aus Unterrichtsmaterial aus unbekannter Quelle, welches Bernhard Riebl von Hilde Langer–Rühl persönlich übergeben wurde.

Sinn dieser Ausgangshaltung: Die Babyhaltung der Arme bietet die optimale Möglichkeit der Entspannung der Schultern, da so die Schulterblätter flach aufliegen können. Die aufgestellten Knie ermöglichen auch der Lendenwirbelsäule und dem ganzen Rücken, fest am Boden aufzuliegen.

1. Übung gegen Hohlkreuz oder schwaches, schmerzendes Kreuz:

Ausatmen. Mit der nachfolgenden unwillkürlichen Einatmung wird das Becken gehoben. In der so erreichten Körperhaltung ausatmen, mit der nächsten Einatmung vom Kreuz aus wieder hinunterzielen auf den Boden. Dreimal wiederholen.

Ausführung: Die Wirbelsäule so abrollend ablegen, dass das Kreuz die Bewegung führt und vor dem Becken den Boden erreicht. Immer in Kombination mit der Einatmung bewegen.

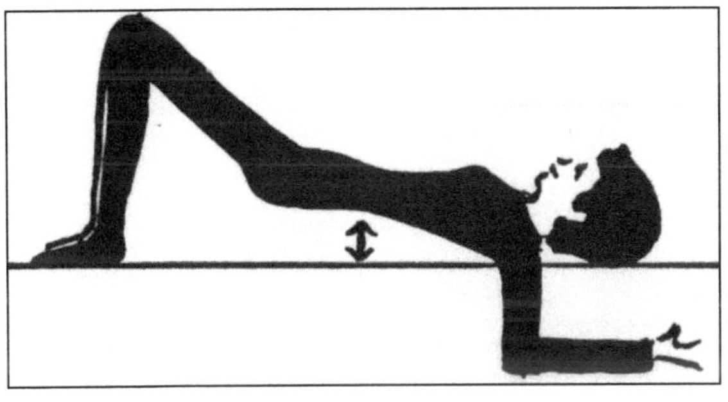

Sinn: Stärkung des Kreuzes sowie des Zwerchfells und seiner Schenkel.

2. Übung: Wedelübung für das Kreuz

Wie oben, nur diesmal den Rücken nicht ablegen nach dem Absenken, sondern mit der Ausatmung gleich wieder anheben. Wenn die Einatmung kommt, wieder hinab und erneut ausatmend steigen. Drei- bis fünfmal wiederholen.

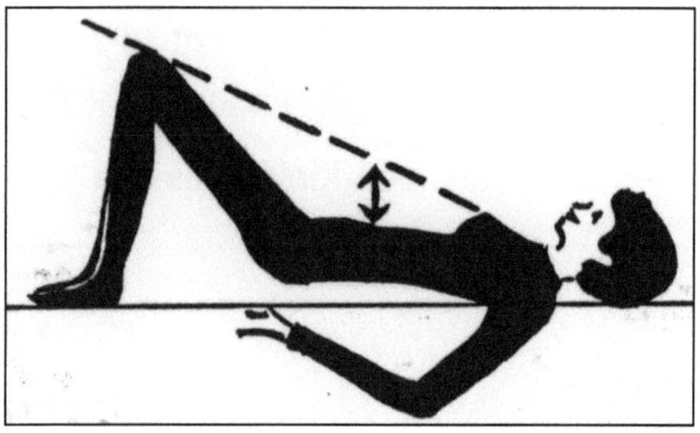

Sinn: Alle Bandscheiben der Wirbelsäule werden reaktionsfähig gemacht.

3. Übung: Kniekreisen

Ausgangsposition wie oben, die Knie so weit wie möglich mit den Händen zur Brust ziehen. Mit locker nachgebenden Armen mit den Knien kreisen in Verbindung mit der Atmung: Einatmend in Brustnähe, ausatmend von sich weg zur unteren Kreishälfte. Je dreimal in jede Richtung kreisen.

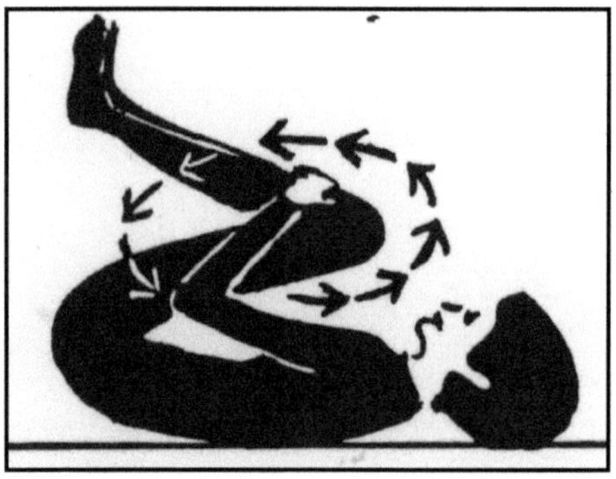

4. Übung: Lendenwirbelsäulenkontakt mit gestreckten Beinen

Ausgangsposition wie oben. Die Knie mit der Einatmung langsam von sich wegschieben, bis die Beine gestreckt sind. Dabei ganz bewusst den Kontakt zwischen Wirbelsäule und Boden aufrechterhalten.

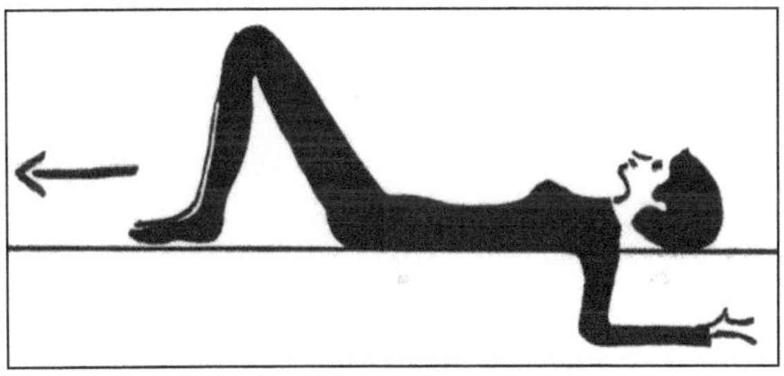

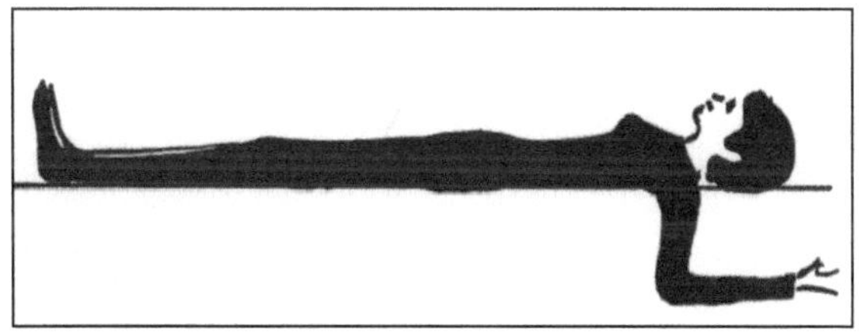

Sinn: Kontakt von Kreuz und Boden verbessern.

5. Übung: Aufsetzen aus der Rückenlage

Zunächst ausatmen, dann bei der Einatmung mit geradem Rücken und auch gerade gehaltenem Kopf aufsetzen. Leichter wird die Übung, wenn die Arme neben dem Körper liegen und beim Aufsetzen helfen, indem man sich leicht auf die Ellenbogen stützt. Im Sitzen ausatmen und mit der Einatmung in gerader Haltung wie oben beschrieben wieder hinlegen. Ausatmen und wiederholen.

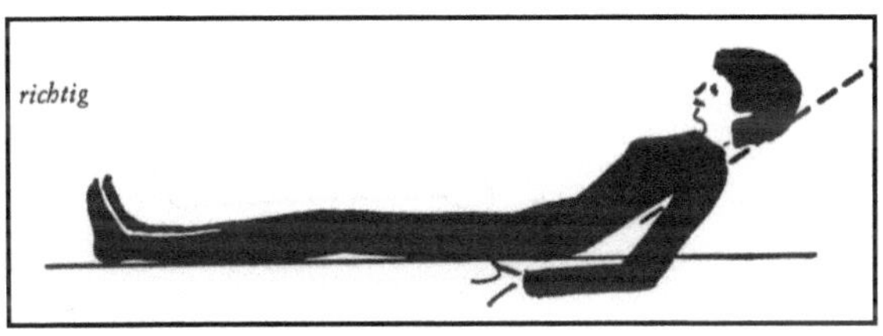

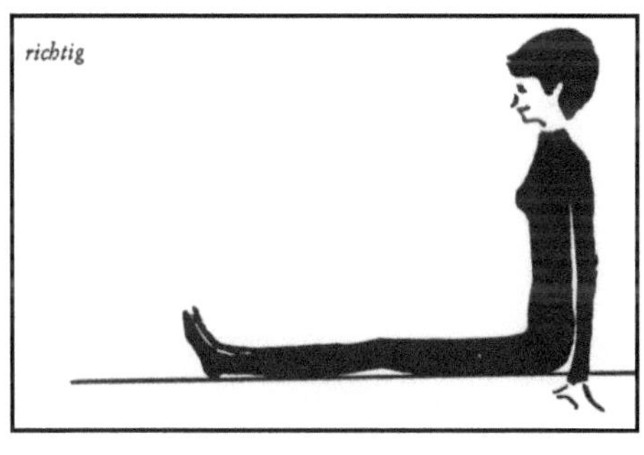

Sinn: Testübung für die Zusammenarbeit von Bauch- und Brustmuskulatur und die Einbeziehung der Atmung.

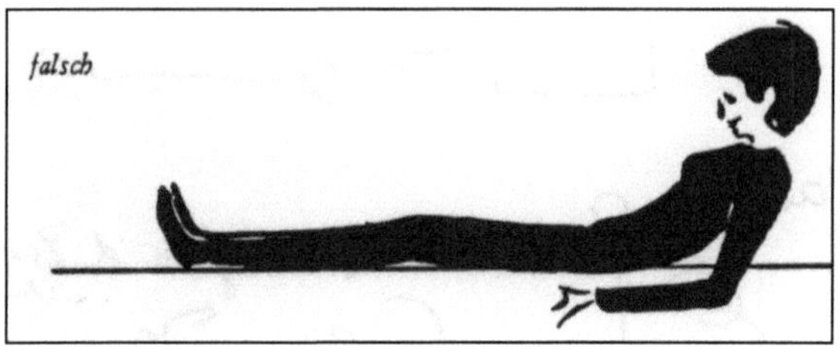

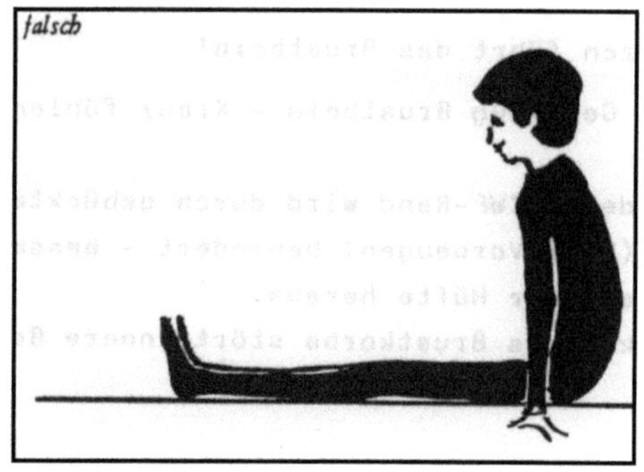

Falsche Ausführung: Hochziehen mit vorgestrecktem Kopf und rundem Rücken.

> *„Allein dadurch kann man sich im Laufe des Lebens eine viel zu starke Biegung, eine gefürchtete Winkelbildung zwischen Hals- und Brustwirbelsäule anzüchten und sich dadurch enorm schaden[329].“*

<u>6. Übung: Gegen Rundrücken</u>

Im Langsitz: Linke Hand auf das linke Bein legen, die rechte Hand ergreift die rechte Fußspitze. Nach der Ausatmung mit Hilfe der unwillkürlichen Einatmung das gestreckte rechte Bein möglichst hoch und gerade anheben. Ausatmen, mit der Einatmung das Bein wieder geräuschlos ablegen. Dabei auf einen geraden Rücken achten. Dreimal je Seite wiederholen.

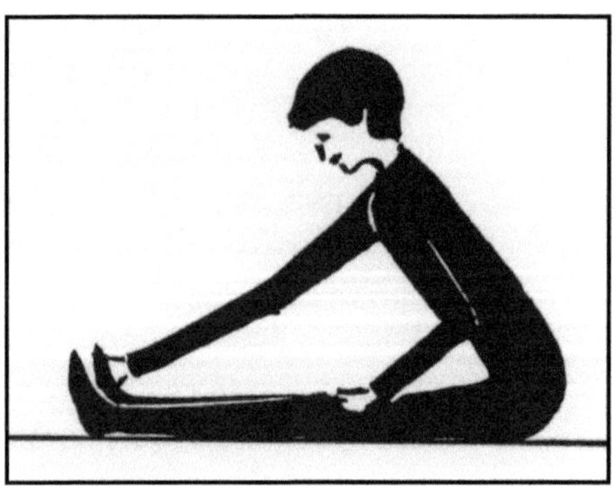

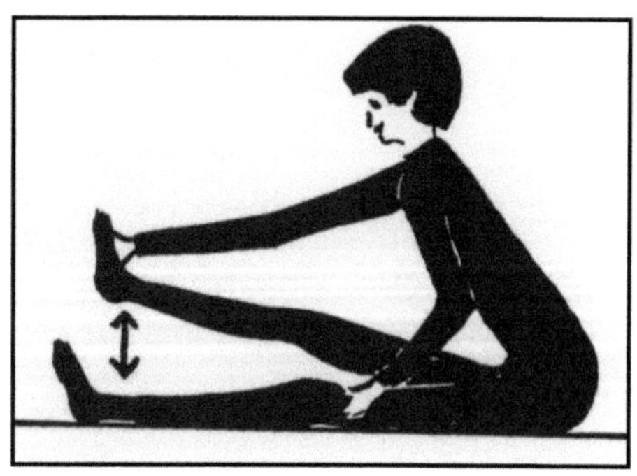

Sinn: Hüftgelenke aktivieren und befreien. Training für das Kreuz und die gesamte innere Muskulatur.

---

329 Hilde Langer–Rühl: Übungsgruppe aus dem Lehrgang für Atem-, Stimm- und Bewegungserziehung. oO, 1979, S.2.

7. Übung: Für bessere Gelenkigkeit

Ausgangsposition ist der Stand. Ausatmend in die Hocke gehen, die Hände flach zwischen den Füßen auf den Boden legen. Mit der Einatmung die Knie „ausnahmsweise“ durchdrücken, wodurch sich das Becken hebt. Die Hände bleiben auf dem Boden. Fünfmal wiederholen.

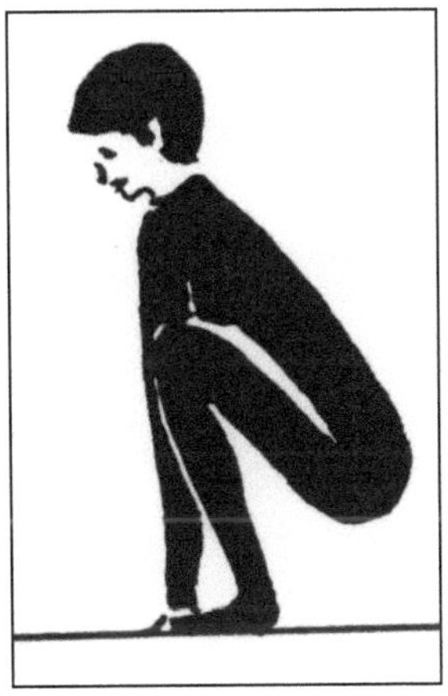

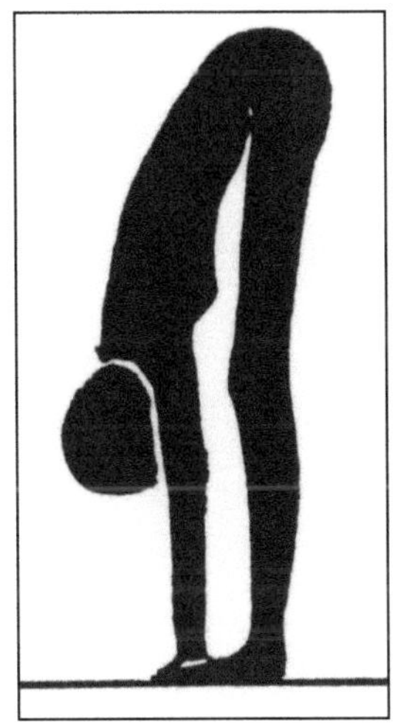

Sinn: „Gelenkig erhalten der Bandscheiben“ in der Lendenwirbelsäule.

„Ich lasse alle solche Bewegungen parallel mit der unwillkürlichen Einatmung ausführen, weil dadurch eine sichere Mitarbeit der mit der Atmung gekoppelten Skelettmuskulatur gewährleistet wird. Außerdem baut sich dadurch die Atemmuskulatur besser auf, die ja auch trainiert werden muß[330].“

330 Hilde Langer–Rühl: Leichter leben und besser arbeiten. In: Atem und Mensch. 18. Jahrgang, Heft 3/ 1976, S.19.

6.3. Die Aufzeichnungen

Hilde Langer–Rühl veröffentlichte mehrere Aufsätze in der Zeitschrift ATEM[331] und hielt wiederholt Vorträge, deren Skripten teilweise erhalten sind.

6.3.1. Zeitschriftenartikel

Neben der intensiven Unterrichtstätigkeit nahm sich Hilde Langer–Rühl immer wieder die Zeit, Beiträge in Fachzeitschriften zu veröffentlichen. Die oben genannte Zeitschrift „ATEM. Die Zeitschrift für Atempflege, Massage, Entspannung und Moderne Gymnastik" veröffentlichte in den Jahren zwischen 1963 und 1976 eine ganze Reihe ihrer Artikel, welche alle denselben Grundtenor haben: Mit Hilfe der Atemerziehung kann man lernen,

> *„auf uns zu nehmen, wie wir angelegt sind, und mit ihrer Hilfe zu werden, was wir sein sollen[332]."* [s.o.]

Dabei wendet sie sich entweder an die gesamte Leserschaft der Zeitschrift oder schreibt für einzelne Gruppen wie ältere Menschen[333] oder auch speziell für Musiker[334], um ihnen einen Weg aufzuzeigen, wie Lebenskraft und Vitalität durch (Atem-) Übungen zu erhalten sind.

Stilistisch sind diese Vorträge stets eine Mischung von teils aus der Medizin abgeleiteter, teils aus der Unterrichtspraxis stammender Information mit deutlichen Appellen an den Leser, sein Leben und sein Zwerchfell möglichst sofort selbstverantwortlich in die Hand zu nehmen.

---

331 ATEM. Die Zeitschrift für Atempflege – Massage – Entspannung – Moderne Gymnastik. Vierteljahreszeitschrift, Helfer Verlag Bad Homburg v. d. H..
332 Hilde Langer–Rühl: Atem und Stimme als Helfer zur Persönlichkeitsentfaltung und Gesundheit. In: Atem. 11. Jahrgang, Heft 2 7 1969, S.23.
333 Vgl.: Hilde Langer–Rühl: Atem- und Bewegungshilfe für Alternde. In: Atem. 8. Jhg. Heft 2/1966.
334 Vgl.: Hilde Langer–Rühl: Musik und Atem. In: Atem. 5. Jhg. Heft 2/1963.

6.3.2. Vorträge im Typoskript

Hier handelt es sich um unveröffentlichte Typoskripte mit Hilde Langer–Rühls Vorträgen, gehalten vor unterschiedlichem Publikum: dem Lehrerkollegium oder der Studentenschaft der Musikhochschule Wien, aber auch vor Mitgliedern einer Gesangslehrertagung oder vor Physiotherapeuten. In den Vorträgen geht sie meist speziell auf die körperlichen Gegebenheiten der Musiker im Allgemeinen als auch auf die ihrer Studenten im Besonderen ein.

Getippt sind diese Werke auf einer alten oder schlechten Schreibmaschine, deren Buchstaben anscheinend immer wieder hängen blieben oder zumindest ungleichmäßig die Farbe vom Band auf das Papier übertrugen. Kleine handschriftliche Anmerkungen sind teilweise hinzugefügt. Rechtschreibfehler sind in den Vortragsunterlagen nicht korrigiert.

Cornelius Langer diskutierte bei Gelegenheit mit seiner Mutter über Form und Inhalt ihrer Schriften und half ihr, diese durchzusehen und zu korrigieren[335].

Hilde Langer–Rühl nutzt die Möglichkeiten der schriftlichen Hervorhebung in hohem Maße aus: Die Rufzeichen (!) , die W e i t s t e l l u n g, die GROßSCHREIBUNG, die Unterstreichung werden häufig eingesetzt, wohl um die Emotionen beim Zuhörer oder Leser gut und deutlich vermitteln oder wecken zu können.

Sie hielt die Vorträge dann auch in großen Sälen ohne Mikrophon in ihrer deutlich atemgestützten, fast pathetisch deklamierenden Sprechweise.

6.4. Die Filme: Zwerchfelldynamik und Atemführung

> *„Es geht um die große unabdingbare Ordnung in uns selbst, um das innere Formgefühl für das richtige Maß in unserem Tun, um die stete Verbundenheit mit dem URELEMENT in uns, dem ATEMRHYTHMUS[336]!“*

335 Gespräch mit Cornelius Langer, Wien, am 6. Mai 2006.
336 Hilde Langer–Rühl: Einführungsvortrag zum 2. Film, Wien, März 1981, S.1.

Hilde Langer–Rühl drehte zwei Filme zum Thema Atem und Musizieren. In ihnen werden anhand von Filmmaterial, Röntgenaufnahmen und Graphiken anatomische und funktionale Gegebenheiten aufgezeigt, welche die spezielle Bedeutung des Zwerchfells bzw. der Atemführung beim Musizieren nachweisen sollen. Das Besondere an diesen Filmen sind die – in heutiger Zeit aus gesundheitlich / ethischen Gründen in dieser Form nicht mehr durchführbaren – Röntgenfilmaufnahmen von Musikern, auf denen gezeigt wird, wie sich deren Zwerchfell im Einklang mit dem Musizieren bewegt.

Beide Filme wurden im Studio der Wiener Musikhochschule durch die „Bundesstaatliche Hauptstelle für Lichtbild und Bildungsfilm[337]“, später „Bundesstaatliche Hauptstelle für Wissenschaftliche Kinematographie[338]“ aufgenommen.

Die Drehbücher tippte Hilde Langer–Rühl selbst, inklusive der Hinweise für die jeweiligen Kameraeinstellungen, Szenenwahl mit Namen der Musiker und genauen Angaben der geplanten Tonbeispiele, Zeitangaben, gesprochenem Text und bildlich skizzierter Szenen[339]. Die Drehbuchvorlagen wurden mehrmals überarbeitet bis zur endgültigen Fassung. Wie genau diese Versionen abgesprochen wurden mit den anderen Beteiligten, ist unklar. Die „Darsteller“ waren Studenten und ehemalige Schüler Hilde Langer–Rühls.

Die Filme zeigen leider einige fachliche Mängel und eine Verfälschung der Stimmung, die tatsächlich im Unterricht herrschte[340]. Hilde Langer–Rühls Bemühung, ihr Anliegen so deutlich wie möglich zu demonstrieren, führt zu einer Überzeichnung ihrerseits, die der unbefangene Betrachter als Steifheit empfinden muss. Man sollte allerdings bedenken, dass sie keine gelernte Schauspielerin war, die gewohnt ist, vor der Kamera zu stehen und die Wirkungen ihres Auftretens entsprechend einzuschätzen. Daher kann das inhaltlich Wertvolle in den Filmen durch Hilde Langer–Rühls „steife Haltung“ verdeckt werden. Ebenso ist die gesamte Diktion nicht

---

337 o.V. (Hilde Langer–Rühl): Begleitveröffentlichung zu „Zwerchfelldynamik beim Atmen, Singen und Musizieren“. Wien, 1971, S.1.
338 Hilde Langer–Rühl: Einführungsvortrag zum II. Film „Atemführung...“. Wien, 8. März 1981, S.3.
339 Vgl.: Hilde Langer–Rühl: Drehbuch „Die Zwerchfellbewegung beim Atmen, Singen und Musizieren. oOoJ.
340 Vgl.: Bernhard Riebl, vorliegende Arbeit, Kapitel 7.2.1.

mehr zeitgemäß. Für die Verwendung im heutigen Unterricht gilt, dass die entscheidenden Aussagen nicht kommentarlos verwendet werden können, sondern vom kompetenten Betrachter erst herausgefiltert werden müssen.

6.4.1. Zwerchfelldynamik beim Atmen, Singen und Musizieren

> *„Der Film beweist, daß nach entsprechender Schulung nicht allein beim Singen, sondern auch beim Musizieren auf Instrumenten ein spezifischer Bewegungsablauf am Diaphragma erkennbar ist. Die Atemergänzung erfolgt gemäß der Phrasierung. Darüber hinaus zeigen sich Spannungsänderungen, die offensichtlich nicht der Luftergänzung dienen, sondern Ausdruck einer inneren Bewegtheit sind. Wir können sagen: der ganze Mensch musiziert[341].“*

Dieser erste Film „Zwerchfelldynamik beim Atmen, Singen und Musizieren[342]“ wurde in nur zwei Tagen, am 7. und am 8. Jänner 1971, gedreht[343]. Er wurde erstellt in Koproduktion mit dem Laboratorium für klinische Atemphysiologie der zweiten Chirurgischen Universitätsklinik Wien und deren Leiter, dem Universitätsdozenten Franz Muhar, sowie mit Horst Coblenzer, dem Leiter des Instituts für Atem- und Stimmerziehung der Musikakademie[344].

Als Leiter der Lungenambulanz stand Franz Muhar das neueste und bestentwickelte System der damaligen Zeit für das Lungenröntgen zur Verfügung. Diese Apparate konnten zur Erforschung der Zwerchfelltätigkeit beim Musizieren hervorragend eingesetzt werden. In der gewählten Versuchsanordnung sitzt der Musiker möglichst unbeweglich innerhalb der Panorama- Röntgenanlage und spielt oder singt. Die Dynamik seines Zwerchfells ist nun genau zu beobachten: Man sieht, wie es beim Abspannen zum Einatmen hinuntersinkt oder -schnellt, beim geführten Ausatmen langsam steigt und für kleine musikalische Impulse ebenfalls feine Bewegungen ausführt, die deutlich in direktem Zusammenhang mit dem Duktus der Musik stehen.

---

341 o V. (Hilde Langer–Rühl), Begleitveröffentlichung zu „Zwerchfelldynamik beim Atmen, Singen und Musizieren“, oOoJ (1971), S.3.
342 Arbeitstitel: „Die Zwerchfellbewegung beim Atmen, Singen und Musizieren“. in: Hilde Langer–Rühl, Drehbuch oOoJ.
343 Kürzel CTf 1424.
344 Vgl.: o.V. (Hilde Langer–Rühl): Begleitveröffentlichung zu „Zwerchfelldynamik beim Atmen, Singen und Musizieren“. oO, 1971, S.1.

Diese differenzierte Funktion des Zwerchfells ist beim Bläser und Sänger deutlicher als beim Nichtbläser zu sehen, da ja die Erzeugung seiner Töne durch die Ausatmung erfolgt.

> *„Wir dokumentieren in diesem Film jedoch auch – und dies ist für mich, die ich an 1. Stelle Instrumentalistin bin, entscheidend - daß das Zwerchfell, das Diaphragma, auch auf die peripheren Spielbewegungen der atemgeschulten Geiger und der atemgeschulten Pianisten wirklich anspricht. Es gibt auch ein Apoggio beim Geigen und beim Klavierspielen[345].“*

Auch beim ganzheitlich agierenden Pianisten ist diese Korrelation nachvollziehbar; allerdings durch die Verflechtung der vielen Stimmen eines Klavierwerkes meist nicht so deutlich wie beim reinen Melodieinstrument.

6.4.2. Atemführung und Körperhaltung beim Musizieren

> *„[...] überall errang der neue Röntgenfilm begeisterte Anerkennung sowohl bei den Musikern, den Pädagogen, bei den Studenten als auch bei den Medizinern. Neue Vorführtermine sind schon für das ganze Jahr vorgemerkt bei der Bundesstaatlichen Hauptstelle für Wissenschaftliche Kinematographie. Ich bitte nun um Vorführung des Filmes[346]!“*

Dieser zweite Film hieß im Arbeitstitel zunächst: „Atemdynamik und Wirbelsäule beim Singen und Musizieren[347]“, wurde dann aber unter dem Namen „Atemführung und Körperhaltung beim Musizieren[348]“ veröffentlicht. Als wissenschaftliche Autoren zeichnen wieder Hilde Langer–Rühl und Franz Muhar, als wissenschaftliche Mitarbeiter Robert Wolf und Wolfgang Gamerith. Die Rezeption war wohl sehr gut, denn schon am 19. November 1980, dem Tag der Erstaufführung in der Musikhochschule Wien, musste wegen der großen Anfrage eine zweite Vorführung angesetzt werden.

---

345 Hilde Langer–Rühl: Vortrag am 26. November anlässlich der Österr. Erstaufführung des Filmes. Wien, 1971, S.4.
346 Hilde Langer–Rühl: Einführungsvortrag zum 2.Film. Wien, März 1981, S.3.
347 Hilde Langer–Rühl: II. Film, erster Entwurf des Drehbuches: ATEMDYNAMIK und WIRBELSÄULE beim SINGEN und MUSIZIEREN. 5.11.1978, oO, S.1.
348 Kürzel CTf 1700.

Hilde Langer–Rühl sah speziell im zweiten Film folgende *„Forschungsbeweise*[349]*“* erbracht:

1. Durch die Unterschiedlichkeit der einzelnen Instrumente, aber auch durch die Individualität jeden einzelnen Sing- oder Spielparts, ist auch die Zwerchfellbewegung der ausführenden Musiker verschieden. So kann man den Stimmenverlauf an der Zwerchfellbewegung sehen.

2. Ist ein Musiker im Atmen geschult, so sieht man bei ihm musikalische rhythmische Akzente als deutliche Zwerchfellakzente.

3. Besitzt ein Sänger oder Bläser ein spannkräftiges Zwerchfell, so erzeugt er während der die Töne erzeugenden Ausatmung eine Gegenspannung gegen den Drang des Zwerchfells, zu schnell zu steigen; die sogenannte inspiratorische Gegenspannung.

4. Ein tragfähiges Piano erfordert beim Sänger „ein ganz langsames Steigen des Zwerchfells[350].“

Weiterhin wird gezeigt, wie Hilde Langer–Rühl mit verschiedenen Studenten arbeitet:

> *„Peter, komm du mal her und zeig es vor! Erst setzt du dich wieder auf schlechte Weise hin, wie man es so oft sieht und stehst auch wieder so auf. Noch einmal. Da wird man innerlich ganz schlaff. Und jetzt machst du´s wieder richtig zweimal. Das ist gut! Das gibt ein viel besseres Bild für das Podium und alle Musiker sollten das lernen*[351]*!“*

Nach Einschätzung von Gesprächspartnern, die Hilde Langer–Rühl persönlich gut gekannt haben (Riebl, Schwertsik), ist jedoch die ihr eigene Herzlichkeit und Lebendigkeit in den Aufnahmen nicht wirklich zu sehen, und ihr Umgang mit den Schülern wirkt eher steif[352]. [siehe auch Kapitel 10.10.3].

---

349 Hilde Langer–Rühl: Einführungsvortrag zum II. Film. Wien, März 1981, S.3.
350 Ebd., S.2f.
351 Hilde Langer–Rühl zu Peter Doss in: Atemführung und Körperhaltung beim Musizieren. Film.
352 Gespräch mit Bernhard Riebl, Wien, 22. September 2005; Gespräch mit Christa Schwertsik, Wien, 20. April 2005.

6.5. Das Röntgenarchiv

Genau wie ihre Lehrerinnen Clara Schlaffhorst und Hedwig Andersen erstellte Hilde Langer–Rühl ein Röntgenarchiv und sammelte

> *„[...] Übersichtsaufnahmen der gesamten Wirbelsäule einschließlich Kopf und Becken, [...] gesonderte Becken- und Wirbelsäulenseitenaufnahmen, Halswirbelsäulenaufnahmen und Röntgenaufnahmen des Brustraumes nach maximaler Einatmung und Ausatmung*[353]."

Sie hatte damit in Berlin bei Ilse Töpfer in Zusammenarbeit mit der Charité Berlin begonnen; später erweiterte sie die Sammlung in Österreich zunächst mit dem Landeskrankenhaus Bad Aussee, dann in Wien mit Medizinalrat Kurt Grabenwöger[354].

Zunächst finanzierte sie das Röntgenmaterial selbst, suchte aber später um finanzielle Unterstützung beim Bundesministerium für Wissenschaft und Forschung an[355]. Christa Schwertsik erhielt beim Ausscheiden Hilde Langer–Rühls aus dem Lehrgang von ihr den Auftrag, auf die Sammlung zu achten. Diese gehört der Musikuniversität und ist jetzt unter der Obhut des Lehrgangsleiters Bernhard Riebl. Da die Bilder ohne genauere Beschreibung der Umstände, welche die jeweilige Person betreffen, archiviert wurden, ist ihr Wert allerdings rein akademischer Art[356].

---

353 Hilde Langer–Rühl: Forschungsbericht März. Wien 1981, S.2.
354 Vgl. Hilde Langer–Rühl: Kann man atmen lernen? Wien, oJ, S.2.
355 Vgl.: Hilde Langer–Rühl: Forschungsbericht vom 25.4.1976. im Archiv der Musikuniversität Wien.
356 Bernhard Riebl, Gespräch in Wien, 22. September 2005.

7. Hilde Langer–Rühl aus der Sicht ihrer Schüler

„[...] das hat sie mir sehr gut vermitteln können, weil sie da überhaupt keinen Zweifel dran gelassen hat, in der Art wie sie auf mich zugegangen ist und an mich geglaubt hat und unerbittlich war, also wirklich streng auch. Sie konnte etwas Beängstigendes haben in ihrer fordernden direkten Art[357].“

Wie weiter oben erwähnt, gibt es fast keine veröffentlichten Aufzeichnungen über den Lebensweg Hilde Langer–Rühls. Um hier Einblick erhalten zu können und eine möglichst plastische Darstellung ihrer Person zu erreichen war es notwendig, Menschen zu befragen, die sie privat, im Unterricht oder in der Zusammenarbeit erlebt haben.

Es schien sinnvoll, dass die Befragten aus unterschiedlichen Bereichen ihres Lebensumfeldes kamen. Diese waren:

- Mitarbeiter im Lehrgang Atem, Stimme und Bewegung für Instrumentalisten: Bernhard Riebl, Robert Wolf, Christa Schwertsik, Johann Leutgeb.
- Ehemalige Schüler aus dem Lehrgang Atem-, Stimm- und Bewegungsschulung für Instrumentalisten: Dietmar Flosdorf, Gottfried Justh.
- Als Partner bei der Produktion der Lehrfilme: Robert Wolf, Franz Muhar.
- Die Familie: Sohn Cornelius Langer und Tochter Dorothea Zwettler.

357 Dietmar Flosdorf, Gespräch in Wien, 16.Juni 2005.

7.1. Vorgehensweise bei den Gesprächen

Der Ablauf der Gespräche war immer gleich: Zunächst wurde telefonisch oder brieflich der Kontakt zu den möglichen Interviewpartnern hergestellt. Nach einer genauen Beschreibung des geplanten Projektes einer Magisterarbeit über Hilde Langer–Rühl folgte die Bitte um ein Gespräch von ca. einer Stunde Dauer. So kamen die Interviews zustande, die teils auf DAT- Band, teils schriftlich zusammengefasst aufgezeichnet wurden. Die Befragten wurden gebeten, frei ihre Erinnerungen, Eindrücke, Begebenheiten zu erzählen. Erst wenn diese spontane Quelle versiegte, wurden ihnen die unten aufgeführten Fragen zur Beantwortung vorgelegt. Dabei wurden diese zunächst einzeln (vor-) gelesen oder auch von der Fragestellerin frei formuliert und vom Gesprächspartner beantwortet. Waren alle Punkte angesprochen, so gab es abschließend noch einmal die Gelegenheit, eventuell offen Gebliebenes anzusprechen. Damit endete das offizielle Gespräch.

Zur Auswertung wurden die Tonaufzeichnungen bei mehrmaligem Anhören auf verwertbares Material hin untersucht. Interessante Informationen wurden schriftlich festgehalten und mit ähnlichen Inhalten aus anderen Gesprächen verglichen.

Dabei wurden spezielle Beobachtungen und Begebenheiten, pointierte Erfahrungen und Meinungen ebenso wie weitgehend Übereinstimmendes besonders berücksichtigt.

Der Originaltext wird in einigen Fällen (Gespräch Leutgeb, Flosdorf, Schwertsik) fast wörtlich beibehalten, um die Plastizität und die persönliche Note des Berichtes zu erhalten. In anderen Interviews hat die Autorin zur besseren Lesbarkeit die zusammenfassende Erzählform gewählt.

Alle wie beschrieben gesammelten Daten, Begebenheiten und Erzählungen entstammen den schon mindestens zwanzig Jahre alten Erinnerungen der Befragten an Hilde Langer–Rühl. Sie müssen sich daher nicht in allen Bereichen decken, und Irrtum oder unterschiedliche Interpretation gleicher oder ähnlicher Sachverhalte sind möglich.

7.2. Fragenkatalog

- Warum waren Sie / warst Du bei Hilde Langer–Rühl im Unterricht?
- Wie lang hat die Unterrichtszeit bei Hilde Langer–Rühl damals gedauert?
- Gab es Hausübungen?
- An welche Übungen können Sie sich / kannst Du Dich erinnern?
- Welche Übungen können Sie / kannst Du mir zeigen: am Instrument oder mit der Stimme, Bewegungsübungen? Welchen Sinn sehen Sie / siehst Du in ihnen?
- Was sagte Hilde Langer–Rühl über das Üben, über das Vorspielen?
- Konnten Sie / konntest Du einen Aufbau ihres Unterrichts erkennen? Einer Stunde / des Semesters?
- Beschreibe (n Sie) die eigene Entwicklung als Schüler von Hilde Langer–Rühl!
- Was hat Sie / dich am meisten fasziniert am Unterricht? Die Person Hilde Langer–Rühl? Oder die Methode?
- Was hat Sie / Dich an ihr gestört oder sogar extrem gestört?
- Was möchten Sie / möchtest Du auf keinen Fall so machen wie Hilde Langer–Rühl?
- Ist Hilde Langer–Rühls Arbeit Ihrer / Deiner Meinung nach eine Methode?
- Was ist das Besondere an Hilde Langer–Rühls Arbeit?
- Welche Unterschiede zu anderen Methoden sehen Sie / siehst Du?
- Welche Gemeinsamkeiten mit anderen Methoden gab es?
- Was ist das Ziel der Arbeit von Hilde Langer–Rühl?
- Was haben Sie / hast Du methodisch mitbekommen?

- Wie war Ihre / Deine Beziehung zu Hilde Langer–Rühl?
- Wie war der Kontakt zu Hilde Langer–Rühl nach Beendigung der Unterrichtszeit?
- Welches Menschenbild hatte Hilde Langer–Rühl?
- Was für ein Mensch war Hilde Langer–Rühl? Wie würden Sie / würdest Du sie beschreiben?
- Was wissen Sie / weißt Du an Fakten über Hilde Langer–Rühls Lebenslauf? Familie, Lebensweg, Ausbildung o. Ä.?
- Wie wissenschaftlich hat Hilde Langer–Rühl gearbeitet?
- Wie dogmatisch war Hilde Langer–Rühl?
- Entwickelte Hilde Langer–Rühl ihre Atemarbeit nur aus Beobachtungen an Schülern oder aus eigener Betroffenheit heraus?
- Welches „innere Feuer" zeigte sich in ihren Zielen, Motiven und Anliegen oder Haltungen?
- Wer baut seine aktuelle Methode auf Wissen durch Hilde Langer–Rühl auf?
- Möchten Sie / möchtest Du noch etwas sagen, wonach hier nicht gefragt wurde?

7.2.1. Gespräch mit Bernhard Riebl

> *„Ihre Lebenskraft stammte aus der Klarheit des Energieeinsatzes. Dies ermöglichte ein direktes Erreichen des Gegenübers, eindeutige, überzeugende Aussagen, konnte aber auch bedrohlich wirken - etwa innerhalb der Hierarchie einer Hochschule, aber auch Schülern gegenüber. Doch genauso gab es diese Momente einer intensiven Zuwendung und hoher zwischenmenschlicher Sensitivität[358].“*

Bernhard Riebl: Pianist und Facharzt für Physikalische Medizin und Rehabilitation

Bernhard Riebls Lehrer an der Musikhochschule in Wien war der Pianist Hans Kann. Bei ihm hatte er eine gute Fingertechnik der fallenden Finger erarbeitet. Nun erfuhr er diese Einzelfingerausbildung zunächst als Kontrast zur bei Hilde Langer–Rühl gelehrten Erdmannschen Technik mit der gesammelten Hand und erarbeitete daraus eine Synthese.

Hilde Langer–Rühls große Leistung war die Übertragung der musikalischen Linienführung auf den gesamten Körper. Um auf diese Art die Energie zu transportieren, muss die Fingerspitze sehr sensibel und die lange Linie aus dem Zentrum heraus geführt sein. Eine gute Methode, das richtige Gefühl dafür zu entwickeln ist, von der ganzen Hand aus mit Legatogefühl Sprünge über mehrere Oktaven oder Akkordverbindungen zu spielen. Hierbei handelt es sich um einen grundtechnischen Aspekt des Klavierspiels, der sich mit Körper, Körperumgang und Atemgestaltung verbindet.

Die Konsequenz aus dieser Einheit kann man in der Art der Literaturanalyse bei Hilde Langer–Rühl erkennen. Sie entwickelte die musikalische Stimmführung für viele Nebenstimmen aus den tatsächlich physisch geformten Stimmlinien. Jede Linie und Seitenlinie muss dieses Leben in sich tragen. Voraussetzung ist die Synthese von sinnlichem Erleben und genauer Analyse der Literatur.

---

358 Bernhard Riebl. Zitat und Inhalt des Kapitels aus: Gespräch in Wien, 22. September 2005.

Hauptthema ihres Unterrichts waren daher klarer Energieeinsatz und Zwerchfellzentrierung des Musikers, Mittelpunkt ihrer Didaktik der Spieltechnik war das unabdingbare Gefühl für das Kraftzentrum, von dem aus agiert wird. Hilde Langer–Rühl konzentrierte sich nicht auf das Lösen von Muskeln oder von Spannung, sondern auf die Entstehung der Kraft vom richtigen Ansatzpunkt aus. Denn ihrer Ansicht nach entstehen Unklarheiten der Technik und Verspannungen im Körper genau dadurch, dass die Energie nicht vom richtigen Zentrum ausgeht.

Mitinnervationen und Dysbalancen im Rumpfbereich führen zu schlechterer Balance beim Zusammenspiel zwischen Agonisten und Antagonisten in der Spielmuskulatur. Hier ist die Arbeit über die Stimme ideal: zunächst das Finden des Kraftzentrums mit seiner Aktivität, Weite, Resonanz, dann das Entwickeln der Durchlässigkeit vom Kraftzentrum bis zum Ort, wo es ankommen muss, sei es Fingerspitze beim Anschlag oder Ansatz beim Blasen. Dies hilft sehr beim Auflösen der Dysbalancen im Rumpf- wie im Spielbereich; hier können Stimmübungen und Übungen am Klavier sich sehr nahe kommen.

Was Bernhard Riebl zusätzlich über die Grundprinzipien der Klaviertechnik von Hilde Langer–Rühl geäußert hat, ist im Kapitel „Eduard Erdmann – der Bogenspezialist“ nachzulesen.

Zwei vorbereitende Übungen von Hilde Langer-Rühl für das Klavierspiel:

1) Schwingübung für die Elastizität des Daumenuntersatzes, um das Untersetzen des Daumens gut zu erarbeiten:

Die Finger 2, 3 und 4 der rechten Hand liegen auf den schwarzen Tasten fis, gis und ais. Der Daumen wedelt zunächst zwischen f und h, dann zwischen e und c, dann zur Septime zwischen d und h, dann zu d und h, um schlussendlich genussvoll beim c anzukommen.

2) Schüttelbewegung aus dem Arm heraus:

Das flatternde Schütteln der Hand aus Unterarm und Handgelenk ist eine gute Übung für ein im tiefsten Grunde freies Schwinggefühl (beispielsweise für Triller oder Begleitbewegungen der linken Hand in der Musik der Klassik).

Das Menschenbild Hilde Langer–Rühls: Es gab deutlich Polaritäten aus ihrer Jugendzeit, die zu *„beinharten Verurteilungen menschlicher Schwächen“* durch sie führte. Eine Auflösung dieser oft hart klingenden Haltung gab es nur durch ihre persönliche Menschlichkeit. Aus der Härte erwuchs aber auch viel klare Kraft. Ihr Denkweg war: Wo liegen die Schwächen der Schüler? Wie kann man die Menschen fördern?

Hilde Langer–Rühl bot ein harmonisches und kraftvolles Gesamtbild des Menschen beim Sein und beim Musizieren. Vom Schüler forderte sie ein klares Sich - Einbringen als Person.

Hilde Langer–Rühl war ein Mensch von großer Präsenz und klarer Energie. Im Alter relativierte sich dies, vielleicht auch durch ihre Lungenkrankheit Diese Veränderung führte aber auch weg vom Dogmatischen in weichere Lebenszugänge hinein.

Sie war für Bernhard Riebl mitunter doch zu apodiktisch. Gewisse Atemtypen führten bei ihr auch zu Bewertungen. Hier kam das Heroenbild aus dem Dritten Reich zum Tragen: Strahlend, aufrecht, energetisch musste der Mensch sein. Rundheit und Weichheit kamen insgesamt bei ihr zu kurz.

Arbeit an der Stimme:

Hilde Langer–Rühls Silbenarbeit war sehr schlüssig. Sie förderte mit bestimmten Silben die Akzentseite des Stimmeinsatzes, um das Gefühl für den körperlichen Einsatz und für das Zupacken zu entwickeln. Ebenso wichtig war das Zulassen des Schwingens und Resonierens über Vokale und Klinger. Der „Kleine Hey“ war hier eine unerschöpfliche Fundgrube.

Häufig verwendete Kombinationen waren beispielsweise „Ju-ti!“, oder „Plomp-kuckuck!“ [siehe auch Christa Schwertsik]. Die Schüler mussten nach den Stimmübungen auch Lieder singen. Oft verwendete sie die Sammlung „Das Lied im

Unterricht[359]" und begleitete dabei den Sänger am Klavier; sonst spielte sie in der Stunde nicht vor.

Beziehung Riebl / Hilde Langer–Rühl:

Von Beginn an hatte Bernhard sehr viel Respekt, der eigentlich immer so erhalten blieb. Anfangs herrschte auch eine gewisse Befangenheit und Scheu des sehr sensitiven Mannes gegen diese dominante Frau. Je mehr in der Folge ihre menschliche Größe und Klarheit sichtbar wurde, umso offener wurde die Beziehung.

Der Kontakt blieb trotzdem eher professioneller Natur, weil sie von Bernhard als Mediziner Expertisen erwartete. Das bildete eine gewisse Mauer. Die Beziehung war zwar herzlich und persönlich, aber nicht privat.

Warum war Bernhard im Unterricht: Eine befreundete Cellistin (Ishild Altmann) erzählte, wie toll es im Atem-, Stimm- und Bewegungsunterricht war – Bernhard hatte selbst keine Probleme mit dem Spiel, aber Interesse an dieser Art von Arbeit.

Nach Ende des Lehrganges gab es viel Kontakt zwischen ihm und Hilde Langer–Rühl während der Vorbereitung für seinen Lehrauftrag im Lehrgang. Ein Jahr lang durfte Bernhard beim Unterricht von Hilde Langer–Rühl zuhören. Zu dieser Zeit waren wenige Pianisten bei ihr, dafür mehr Streicher und Bläser.

Aktualität:

Heute hat Atem-, Stimm- und Bewegungsarbeit eigentlich immer als Ziel das Finden einer klaren Disposition, in der man energetisch präsent aus seiner Offenheit heraus lebt und atmet, musiziert und agiert.

Das Konzept für den Sitz der Energie in der Körpermitte stammte von Schlaffhorst und Andersen, genauso wie die Übung „Schwingen", um das „Atem- Kommen-Lassen" und die Energie zu spüren. Zum Musizieren sind aber mehr Schärfe und Impuls notwendig als sie bei Schlaffhorst-Andersen erreicht werden, um beispielsweise Akkorde im fortissimo spielen zu können.

---

359 Hrsg.: Paul Lohmann: Das Lied im Unterricht. Verlag B. Schott´s Söhne, Mainz 1942.

Der Unterschied zur Sonozeption nach Middendorf liegt darin, dass hier der Energieeinsatz und -umsatz viel weniger klar in die Aktivität hereingeholt wird. Bei Hilde Langer–Rühl lernte man ebenso, die Atemräume zu spüren, aber auch, sie ein- und umzusetzen. Hilde Langer–Rühls Beziehung zu Ilse Middendorf: Als Bernhard Riebl zu Ilse Middendorf fährt: „Na, Sie werden schon sehen!" und „Wie ich diese Phrasen hasse!"

Was war unangenehm: Beim Liedgesang hat Hilde für Bernhards Gefühl zu viel Druck gemacht.

Die Diktion der Filme ist heute nicht mehr zeitgemäß. Hilde Langer–Rühl wirkt eher marionettenhaft und nicht in ihrer Kraft stehend. Auch fachlich ist beispielsweise der Zwerchfellstoß falsch beschrieben: Er geht natürlich hinauf, um den Druck zu steigern, und federt nicht hinunter, wie im Film erklärt. Gut zu sehen sind aber Führung und Begleitung des Zwerchfells.

7.2.2. Gespräch mit Christa Schwertsik

„Sie hatte die Begabung der Eindringlichkeit[360]."

Christa Schwertsik: Sängerin und Schauspielerin, arbeitete im Lehrgang von 1984 bis 2002.

Christa kam zu Hilde Langer–Rühl, weil ihr beim Singen immer die Luft ausging. Bei ihren bisherigen Lehrern hatte sie gelernt, dass der Körper optimal funktioniere ohne alle Spannung – aber „in Wahrheit wird man so ein schlaffer Sack!" Bei Hilde Langer–Rühl lernte sie dann, dass zum Singen Kraft im Zentrum aufgebaut werden muss. Der Geiger und Wiener Symphoniker Gottfried Justh [siehe unten] hatte den Kontakt zwischen beiden Frauen hergestellt.

Christa Schwertsik rief bei der Professorin an und sie vereinbarten einen Termin in Hetzendorf. Dann aber stand sie gleichzeitig mit einer zweiten Schülerin vor der Tür

360 Christa Schwertsik: Zitat und Inhalt des Kapitels aus: Gespräch in Wien, 20. April 2005.

woraufhin die andere Studentin kurzer Hand weggeschickt wurde. Nach kurzer Übungszeit schon sagte Hilde: „Ich sehe, wir können sehr gut miteinander arbeiten!" Damit war gemeint: Was kann der Schüler übernehmen, werden die Übungen gut verstanden, gut umgesetzt. Nach der Stunde war Christa schweißgebadet.

Zu Christa: „Sie haben ja fast einen kindlichen Brustkorb!" Die Aufgabe für solch zarte Menschen besteht darin, herauszufinden: Wo spüre ich meine Kraft, wie groß ist sie und wie kann ich sie einsetzen.

Beim Unterricht: Es wurde sehr viel gesungen. Hilde Langer–Rühl stellte für Christa „irre Skalen" zusammen für die Interpretation moderner Musik. Als sie einmal einen Ton falsch sang, schaute die Professorin indigniert zum Fenster hinüber und sagte: „Jetzt müssen Sie sich schon noch entscheiden, ob das Dur ist oder Moll, das kann man nämlich nicht erkennen!"

Das Buch „Atem und Stimme[361]" wurde im Unterricht oft verwendet.

Sie war sehr parteiisch: Kurt Schwertsik, den Ehemann Christas, betrachtete sie als den „größten lebenden Komponisten" Österreichs. Andererseits sang Christa öfter Lieder von ihm, und Hilde Langer–Rühl, die ja selbst Komposition studiert hatte, befand wiederholt: „Das muss umkomponiert werden!"

Als Christa einmal die Noten zu Hause vergessen hatte und aus dem ganzen Text einen einzelnen Ton nicht benennen konnte: „Das muss man aber schon wissen!"

Einmal war Christa sehr pünktlich gekommen und sah, wie im Nebenzimmer eine Schülerin im Vierfüßlerstand auf dem Boden kniete, mit ihren Eltern dabei. „Jetzt machen Sie mal „Plump! Kuckuck!" Alle waren sehr ernst bei der Sache; keiner zweifelte an der Ernsthaftigkeit dieser Aufgabe.

Es stand oft eine Amaryllis auf dem Klavier: „Da kann man sich ein Beispiel nehmen, wie man sich hält."

---

361 Horst Coblenzer, Franz Muhar: Atem und Stimme. Anleitung zum guten Sprechen. Öbv & hpt, Wien, 2003 (1976).

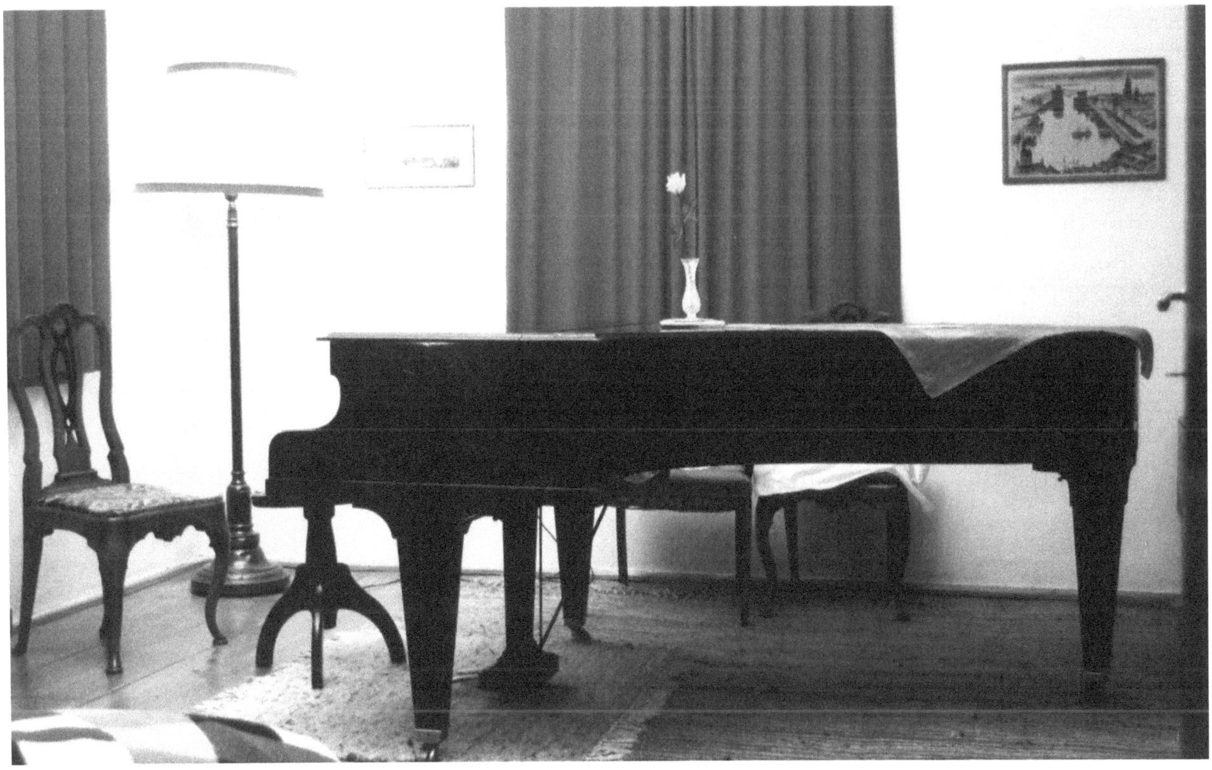

Klavierzimmer in Bad Aussee mit dem aus Berlin übersiedelten Bechsteinflügel

Christa hatte vier Jahre lang Privatunterricht. Während dieser Zeit bot Hilde Langer–Rühl ihr das Du-Wort in einem Brief an, was sie sehr ehrte.

Sie bereitete Christa auch ausgiebig vor, damit sie an der Hochschule einsteigen konnte, und schickte einen Brief an den entsprechenden Ministerialrat mit der Beschreibung der Person Christas und dass es wichtig sei, dass diese den Lehrauftrag erhalte, „und so hab ich es gekriegt."

Anfangs unterrichtete Christa Schwertsik vier Studenten, aber schon nach einem Monat übernahm sie auch die zehn Stunden von Wolfgang Gamerith.

Christa hatte die Aufgabe, auf das Röntgenarchiv zu achten: Es bestand aus Aufnahmen von Wirbelsäule und Zwerchfellaufnahmen von jedem Studenten. Diese Bilder wurden beim Röntgenologen Kurt Grabenwöger in Wien angefertigt und zeigten die Ein- und Ausatmungsamplitude des Zwerchfells.

Hilde Langer–Rühl war nicht immer sehr beliebt bei den Kollegen, weil sie sich in deren Unterrichtsgeschehen einmischte.

Sie war eine Seele von Mensch und den Studenten gegenüber geradezu überbehütend. Sie wusste für alle Probleme einen Lösungsansatz. Gleichzeitig war sie aber auch unerbittlich.

Der Bettenkauf:

Es gab einen Unterrichtsraum in der Lothringerstraße mit einer Turnmatte und einem Sofa, das so weich war, dass es gegen die Atem- und Körperarbeit wirkte. Hilde Langer–Rühl schrieb also eine Erklärung für die Hochschule: Sie brauche dringend ein Bett für die Studenten.

Zu Christa Schwertsik:

> *„Der Robert (Wolf)... es ist mir angenehm, wenn ich das mit dir machen kann. Weil Robert sich ja dann doch nicht so – Du verstehst mich schon... Ich war schon im Geschäft, würdest Du mit mir dorthin fahren?"*

Frau Schwertsik hatte damals einen riesengroßen Volvo als Familienauto.

> *„Sie - stattlich mit einem großen Hut, ich – weniger stattlich..."*
>
> *„...bin ja auch Auto gefahren, ein Adler- Auto nach dem Krieg..."*
>
> *„Wo ist der Geschäftsführer? Ich war ja schon mal da. Da war so eine kleine Verkäuferin, die hatte keine Ahnung. - Ich bin Professor Langer–Rühl von der Hochschule für Musik, das ist Professor Schwertsik."*
>
> *„Christa, tu Du mal probeliegen. Wie findest Du das?"*
>
> *„Was kostet das, und wie hart ist das? … Das können wir nicht brauchen. Wissen sie, wir machen ja Atemschulung!"*
>
> *„Wir sind hinuntergegangen, um den Stoff auszusuchen. Er musste hart, aber nicht zu hart sein. Bei verschiedenen Stoffproben konnte sie ihr Wissen aus der Stofffabrik des Vaters nützen: „Hatten wir ja auch!" „Weiß ich doch!" „Wie findest Du das, das ist zu bunt, das wird zu leicht schmutzig, ja das kenn ich doch." Schließlich wurde grauer Drillich ausgewählt.*

Wir saßen in Balans- Sesseln, bei denen man kniet und sitzt, das war für sie furchtbar. Die Auswahl hat ihr nicht genügt, aber das Geschäft hatte in der Weihburggasse noch einen Schauraum."

Christa warf ein: „Ist es nicht schon ein bisschen spät?"

„Aber ja, mach nur. Aber parke nahe beim Geschäft."

Sie parkten also in der Nähe und fuhren in einem winzigen Lift hinauf.

Dort haben dann beide Probe gelegen, und „ihr ist immer der Hut ins Gesicht gerutscht beim Hinlegen."

Das Bett kostete die Hochschule immerhin 12.000 ATS!

Gesundheitlich war Hilde Langer–Rühl immer schlechter beieinander; sie hatte Magen-Darmprobleme und Herzprobleme und kam mehrfach ins Spital.

Als es ihr nicht gut ging, fuhr sie mit dem Sohn ins St. Josefs Spital im Auhof. Sie hatte ihren eigenen Polster mit, wollte dies und das Zimmer, da und dorthin schauen. Dabei war sie sehr angespannt.

Sie hat eine Härte in sich gehabt. Ihre Art war für viele Studenten zu viel, wie sie einen genommen hat. Sie war nicht für alle kompatibel.

Die meisten Studenten haben ihren Instrumentallehrern nicht gesagt, dass sie in dem Lehrgang sind.

Die Körperübungen hatte sie teils selbst entwickelt, teils von Schlaffhorst-Andersen mitgebracht.

Christa Schwertsik selbst besaß eine Sammlung mit Übungen aus dem Lehrgang in zwei Heften, die sie verborgt und leider nicht wiederbekommen hat.

Hilde Langer–Rühl übte immer nur positive Kritik. Sie war nie vernichtend, immer betonte sie das Positive und das, was man noch verbessern kann. Wenn etwas noch nicht so gut gelungen war:

„Jetzt musst Du aber schauen, dass das besser wird, weil so klingt das noch nicht schön!“

Sie zeigte ein großes medizinisches Interesse, las immer Fachbroschüren:

„Und das ist nun wissenschaftlich bewiesen, nicht wahr!“

Über eine ihrer Studentinnen, die sich später scheiden ließ:

„Siehst Du, ich habe gesagt, sie soll ihn nicht heiraten, denn er ist jähzornig. Sieh Dir dieses Zwerchfell an!“

Ihre Vorträge hielt sie ohne Mikrophon in Riesenräumen: In der Johannesgasse im akustisch problematischen, schlauchartigen Saal; oder in der Seilerstätte in einem sehr breiten Raum.

Die Studenten waren einerseits ehrfürchtig, andererseits auch ein bisschen amüsiert, weil sie doch irgendetwas verströmt hat, worüber man lächeln kann. Und für manche war sie in ihrer Strenge nicht jemand, zu dem man gern hingehen würde.

Einmal gab es eine Gesprächsrunde mit dem damaligen Abteilungsleiter, Robert Wolf, einem Oboisten und Hilde Langer–Rühl. \`Ganz locker´ fragte sie: „Gibt es irgendwelche Fragen?“ Wenn man eine Frage stellte: „Ja, das ist nun so ...“.

Als ein Hornist der Wiener Philharmoniker mit großen Problemen zu ihr kam, empfing sie ihn mit weit geöffneten Armen schon an der Tür – und mit den Worten „Gut, dass Sie da sind!“ Allein diese unterstützende Haltung voller Zuversicht sorgte dafür, dass es ihm sofort besser ging. Sie war immer positiv, gab immer Kraft her. Sie war sehr intensiv und achtete immer darauf, dass die Leute mit einem Lächeln die Stunde verließen.

Es gab strenge Schlafvorschriften: Man liegt am Rücken wie ein Baby, Arme rechts und links. Man dreht sich einmal, höchstens zweimal um in der Nacht.

Der große Unterschied zu anderen Methoden der Körperarbeit: Gesungen wird nur bei Langer–Rühl!

Beim Singen aufwärts hilft die Natur, beim Abwärtssingen muss man sehr gut gegenarbeiten, damit der Körper nicht einfach erschlafft. Dafür sind die Gegenzugbewegungen wichtig, welche Brustkorb und Lende während des Singens aufspannen. So entsteht eine Flächenspannung des Zwerchfells, die überall gleich wirksam ist, an den Rippenbögen und im Rücken.

Die wichtige Frage ist: Was spüre ich? Wie entlaste ich meine Kehle bzw. meinen gesamten Spielapparat? Die Antwort: Durch die Kraft, die aus dem Rücken kommt.

Generell kannst Du mit Hilfe des Singens Deinen Körper erfahren durch das, was Du machst und wie du es machst. Die Körperübungen allein hätten diese Erfahrungen nicht ermöglicht. Die direkte Umsetzung in Klang, das direkte Erleben der Spannungsresultate im Hals und im Ton geben ein unbestechliches und unmittelbares Feedback. Das ist einzigartig!

7.2.3. Gespräch mit Robert Wolf sowie aus dem Beitrag „Atempädagogik im Instrumentalunterricht[362]"

> *„Sie war autoritär- positiv. In der Arbeit mit ihr entwickelte sich eine Kraft, wie man sich selbst helfen kann[363]."*

Robert Wolf: Soloflötist bei den Wiener Symphonikern, Professor an der Musikuniversität Wien

Robert Wolf studierte bei Werner Tripp, der in dieser Zeit Soloflötist der Wiener Philharmoniker und Professor an der Hochschule für Musik und Darstellende Kunst in Wien war.

Der Studienbeginn war sehr viel versprechend, Lehrer und Schüler waren gemeinsam sehr ehrgeizig. Für Robert Wolf wurde es zunehmend schwieriger, den hohen spieltechnischen und körperlichen Anforderungen im Studium mit der nötigen Lockerheit zu begegnen. Im dritten Studienjahr stellten sich plötzlich Beschwerden ein: Ausgehend von Schmerzen in der Halsmuskulatur wurden seine Lippen gefühllos. Es folgte eine schier endlose Odyssee zwischen Ärzten und Chiropraktikern, bis er schließlich kurz vor dem Aufgeben war.

---

362 Robert Wolf: Atempädagogik im Instrumentalunterricht. In: Musik und Körper. Spielhaltungen und Spielbewegungen. Verband Deutscher Musikerzieher und konzertierender Künstler e.V. München 1990, S.39ff.
363 Robert Wolf: Zitat und Inhalt dieses Kapitels aus: Gespräch in Wien, 22.06.2006.

Robert Wolf verdankt Werner Tripp flöten- und ansatztechnisch sehr viel. Als aber die körperlichen Schwierigkeiten beim Spiel auftauchten, konnte hier auch sein Professor keine Lösung finden.

Auf der Suche nach Hilfe in dieser Situation führte ihn ein zufälliger Geheimtipp seines Professors für Partiturspiel schließlich zu Hilde Langer–Rühl, einer

> „[...] *älteren Klavierprofessorin, von der es hieß: `Die turnt so komisch herum mit ihren Schülern.´ [...] Sie bestellte mich zu einer Unterrichtsstunde, ließ sich natürlich gleich etwas vorspielen und sagte dann als erstes: „So können Sie nicht stehen! Sie drücken die Knie nach hinten durch. Davon haben Sie ein starkes Hohlkreuz und eine steife Wirbelsäule; das muß sich bis zum Ansatz hinauf negativ auswirken*[364]*.“*

Robert Wolf übte also das Stehen mit elastischen Knien, das Lockern der Muskulatur, welche die Wirbelsäule umgibt, und einen besseren Gebrauch von Atmung und Stimme. Er lernte, den Körper kraftvoll und gleichzeitig locker zu gebrauchen, schwingend und federnd zu musizieren und aus seiner Mitte heraus zu agieren.

> *„Die Arbeit bei Hilde Langer–Rühl gab mir schnell Hoffnung, aus den Schwierigkeiten mit meinem Instrument, die eigentlich Schwierigkeiten mit meinem Körper waren, herauszukommen, vor allem: aus eigener Kraft etwas dagegen tun zu können. Es ging wieder aufwärts*[365]*.“*

Nach drei bis vier Jahren Unterricht fragte sie ihn, ob er mit im Lehrgang unterrichten wolle, da sie hier Unterstützung brauchte. Im Jahr 1975 bekam er seine ersten Studenten von der Warteliste Hilde Langer–Rühls zum Unterrichten zugeteilt. Er fühlte sich, selbst noch im Studium stehend, eigentlich zu jung dafür, wuchs dann aber recht schnell in diese Aufgabe hinein. Er unterrichtete sechzehn Jahre lang im Lehrgang, vier Jahre davon als Lehrgangsleiter. Im Jahr 1980 strebte er das Ziel an, einen Ausbildungslehrgang für Atem-, Stimm- und Bewegungsschulung innerhalb der Musikhochschule einzurichten, was aber letztendlich durch Einsparungsmaßnahmen verhindert wurde.

---

364 Robert Wolf: Atempädagogik im Instrumentalunterricht. In: Musik und Körper. Spielhaltungen und Spielbewegungen. Verband Deutscher Musikerzieher und konzertierender Künstler e.V. München 1990, S.39f.
365 Ebd., S.40.

Hilde Langer–Rühl war die körperliche Fitness ihrer Studenten sehr wichtig, und sie förderte diese durch ihre anstrengenden Übungen. Dadurch verfügte man über genug Kraft und Elastizität, um die für das musikalische Schwingen notwendige Lockerheit zulassen zu können.

Den Begriff `Entspannung´ mochte Hilde Langer–Rühl nicht. Denn wer wirklich entspannt ist, liegt schlaff und schwer auf dem Boden. Aber für aktives Leben ist Lockerheit mit Kraft und Spannung nötig; überhaupt für den Energieaufwand des Musizierens auf dem Podium. Viele Musiker halten zu sehr fest im physischen oder auch im psychischen Bereich. Dieses psychische Festhalten entsteht, wenn Eltern oder Lehrer den Schüler klein gemacht haben. Man erkennt dies daran, dass gute Lockerungsarbeit in der folgenden Stunde wieder gänzlich verschwunden ist. Dann wäre eventuell ergänzend eine psychische Unterstützung oder Behandlung sinnvoll.

Bei Robert Wolf wurde das Bewusstsein für die Bedeutung von Schwingung im Musiker und in der Musik durch Hilde Langer–Rühl, Nicolas Harnoncourt und Georges Prêtre geweckt. Heute sieht er Schwingung in der Musik als bewusste Unterscheidung und hörbaren Wechsel zwischen den wenigen betonten Tönen, den Schwerpunkten, und den vielen unbetonten Noten eines Stückes sowie deren Abstufungen untereinander.

Im Musizieren finden immer Schwingungsvorgänge statt: Einschwingen und Ausschwingen. Auch Wolfs Vorbild und Lehrer Harnoncourt sagte: „Jeder Ton schwingt ein und aus", was hier bedeutet: Er baut Spannung auf oder ab. Ziel ist in diesem Sinne, auf die Schwerpunkte hin loslassend zu musizieren.

Beim Bläser ist die Spannkraft des Zwerchfells oft zu schwach, um vor allem nach langen Phrasen aus einer totalen Ausatemposition gut einatmen zu können. Das Zwerchfell senkt sich in dem Fall nicht wirklich ganzflächig ab, und es strömt zu wenig Luft nach. Damit beginnt der Teufelskreis: Es ist zu wenig Luft für die nächste Phrase vorhanden – der Musiker ist gestresst und bläst eng und verhalten, um Luft und Energie zu sparen. Dadurch wird die folgende Einatmung zu einem Nach-Luft-Schnappen, noch verkrampfter und daher wieder zu flach.

Ein Beispiel: Ein hoher Hornist hat einen heiklen Einsatz, vor dem er sich fürchtet: Seine Angst macht ihn eng und starr, er atmet innerlich unfrei ein, bleibt starr und beginnt für den Ton plötzlich auszuatmen – es kiekst. Hat er aber gelernt, den Einsatz als beginnende Schwingung zu sehen, so beginnt der Ton sozusagen schon in der Einatmung, die sein Auftakt ist; er baut sich aus ihr auf und gelingt.

Es ist ein Paradoxon, dass die Einatmungskraft nur durch die Verstärkung der Ausatmung gestärkt werden kann. Daher sind Atemübungen immer Ausatemübungen!

Robert Wolf erwähnt einige Übungen von Hilde Langer–Rühl, die ihm in seinem Dasein als Soloflötist besonders geholfen haben:

1. Übung gegen ein einsinkendes Brustbein bzw. für die Brustwirbelsäule sowie für Schwachpunkte in der Lendenwirbelsäule `im Doppelpack´:

Die Finger hinter dem Rücken verschränken. Mit der Einatmung die Lende öffnen, um dem Hohlkreuz entgegenzuwirken. Die gestreckten Arme hinter dem Rücken so weit wie möglich heben.

2. Übung speziell für Bläser:

In Rückenlage mit der Einatmung ein Bein senkrecht nach oben führen. Dabei den Kontakt der Lendenwirbelsäule mit dem Boden sehr gut halten. Das Bein langsam auf ffffffffffff oder sssssssssss ausatmend gestreckt auf den Boden ablegen. Mit dem darauf folgenden neuen, starken Einatmungsreflex das andere Bein heben und wieder senken; im Wechsel. Als Steigerung können sogar beide Beine gleichzeitig gehoben und abgelegt werden, sogar in gegenläufigen Kreisen, immer tiefer abgesenkt bis zur endgültigen Bodenlage.

Die Bauchmuskeln müssen sehr stark sein, um als Gegenkraft zum Zwerchfell wirken zu können. Diese Übung nutzt das Gewicht des Beines als Erschwernis und Trainingsmöglichkeit für die Körpermitte und lässt einen extremen Einatmungsreiz entstehen. Wenn sich ein starkes Zittern in der Körpermitte einstellt, so wirkt dies wie eine Vibrationsmassage. Der nächste Einatmungsimpuls erfolgt dann noch intensiver bis zum Hals hinauf.

Im Alltag ist es hilfreich, von Zeit zu Zeit eine Ausatmung zu verlängern, um sofort in den Genuss und an die Wirkung der vertieften Einatmung zu gelangen. Auch Summen ist eine gute Übung, und danach die Einatmung genießen…

Wann immer genug Zeit während eines Stückes ist, soll man sich gönnen, ruhig durch die Nase zu atmen und nicht gewohnheitsmäßig nach Luft zu schnappen. Denn versucht man, Ton für Ton `schön´ zu produzieren, so führt das nur zu mühseliger Rackerei. Wichtig ist für den Spielenden aber, dass er sein Spiel genießen kann - für sein allgemeines Lebensgefühl, das sich ja auch auf den Hörer überträgt.

Bei Hilde Langer–Rühl wurden Stimmübungen eingesetzt, um die Spannungsänderungen, die der Körper vornehmen muss, um Töne miteinander zu verbinden, auch körperlich zu erfahren und zu erlernen. Vor allem die Verwendung der Explosivkonsonanten (K, T, P und erweitert Ka, Tu, Pi) zwingt den Körper zu präzisen Aktionen.

Als Lippengymnastik für Bläser nutzte Hilde Langer–Rühl den deutlichen Vokalwechsel zwischen U und I.

Intervalle mit den Silben: Wu-Wi oder Melodien, deren Töne mit W, S oder stimmhaftem F beginnen, mussten in jedem Fall von Anfang an auf der richtigen Tonhöhe des nachfolgenden Tones erklingen. Diese Art der Ausführung zwingt zu einer präzisen Vorstellung des zu singenden Tones und entsprechend zu einer adäquat vorbereiteten Stützschwingung. So wird eine insgesamt bessere Schwingungsfähigkeit entwickelt.

Der Gebrauch der Stimme ermöglicht ein besonders unmittelbareres Miterleben von musikalischer Schwingung und deren Gegebenheiten im menschlichen Körper. Durch das Singen von Liedern kann man die Musik, aber auch sich selbst unbelastet von der Halte- oder Spielspannung und von allen sonstigen Bezügen zum Instrument erleben.

Auch hilft Lied die Sprache, die richtigen Schwerpunkte zu finden und zu setzen.

Man muss lernen, hurtig loszulassen, um exakt phrasieren zu können, und mit Hilfe der Stimme den Stützmechanismus zu lockern und zu animieren.

Die Filme:

Die Drehbücher zu den Filmen hat Hilde Langer–Rühl selbst geschrieben. Für den Film `Atemführung und Körperhaltung beim Musizieren´ holte sie Robert Wolf als wissenschaftlichen Mitarbeiter ins Team, wodurch er auch bei vielen der Röntgenaufnahmen beteiligt war.

Für ihn war es sehr faszinierend, dass er bei den Vorversuchen für den Film am Monitor sein eigenes Zwerchfell beobachten konnte, während er spielte. Seiner Meinung nach hilft es sehr, wenn man von Atemvorgängen wissenschaftlich fundierte Anschauungen und Kenntnisse besitzt.

Robert Wolf war maßgeblich beteiligt beim Erstellen der Texte für die Sprecher und später beim Schneiden des Filmes. Vor allem beim Formulieren dieser Textauswahl lernte er ausgesprochen viel dazu, da er sich für die besten Lösungen sehr genaue Kenntnisse aneignen musste.

7.2.4. Gespräch mit Johann Leutgeb

> *„In Erinnerung ist mir das Gefühl, ein Gesünderer, ein Stärkerer als ich gibt mir die Möglichkeit oder Chance, in einem sicheren Umfeld zu arbeiten, zu probieren, zu experimentieren[366].“*

Johann Leutgeb: Sänger, Schauspieler und Tänzer

„Ich sehe mich hinter ihrem Klavier stehen und singen. Ich sehe mich am Boden liegen dort. Ich kann mich sehr gut an ihre Stimme erinnern.

An einige Übungen auch, klar, aber nicht daran, welche Vision sie gehabt hätte darüber, wie ich mich entwickeln sollte. Mehr an die Zuversicht: Ich kann dort hingehen und herumprobieren. Vielleicht ist das auch gar nicht so gewesen. Aber das ist das für mich Dominante. Ich konnte begleitet und behütet von ihr den eigenen Weg suchen. Das war die große Qualität.

Unser Kontakt lag auf reiner Lehrer / Schülerebene und war ganz sachlich, unpersönlich im Sinne von: Therapeut und Klient. Nicht in fachlicher Hinsicht, aber außerhalb der Arbeitssituation gab es kaum etwas zu reden.

---

366 Johann Leutgeb. Zitat und Inhalt des Kapitels aus: Gespräch in Wien, 9. Juni 2005.

Ich hatte einen sehr starken persönlichen Bezug zu ihr und war sehr betroffen über ihren Tod. Als sie gestorben ist, wollte ich nicht zur Einsegnung am Zentralfriedhof, sondern habe mich nach Donnerskirchen aufgemacht. Ich habe mich in einen Winkel zurückgezogen und dem Begräbnis von Ferne zugesehen. Nach Abschluss der Zeremonie habe ich mich persönlich von ihr verabschiedet. Durch die Allée kam die untergehende Sonne, was ein sehr rundes irdisches Ende machte."

Was würdest Du nie so machen?

„Viele ihrer Übungen würde ich nie so machen. Grundzugriff in ihrer Arbeit war die gerade Wirbelsäule. Sie war ja selber auch so geformt mit ihrer sehr eigenwilligen Figur. Meines Erachtens wirkt die totale Geradheit in der Wirbelsäule meist eher kontraproduktiv. Alles gegen die Wand zu bringen kam mir komisch vor, und ich hab es nicht mehr gemacht oder anders gemacht. Geblieben ist: Sie hat auch das unterstützt.

Es war eine viel tiefere Kompetenz spürbar, als die oberflächlich sichtbaren Dinge wie beispielsweise Übungen zeigen können. Diese tiefere Kompetenz machte aus ihr eine Person, die jemanden dazu bringt, noch 20 Jahre nach ihrem Tod ihre Vita zu erstellen. Wie viele sterben und niemand macht sich einen Gedanken darüber!

Dass diese Kompetenz für unterschiedliche Leute unterschiedlich stark sichtbar, erlebbar, begehrt war – es gibt Leute, die wollen nur Übungen, und wenn sie sie machen, dann sind sie richtig, sind brav - andere Leute wollen etwas anderes, und ich hatte das Glück, dass sie da war. Es gab damals neuralgische Gründe, ob ich beim Singen bleiben würde oder nicht. Diese Frau ist eine der Ursachen, warum ich beim Singen und bei meiner Auseinandersetzung mit dem Singen, die wiederum zu meiner Art zu Arbeiten geführt hat, geblieben bin. Wenn sie nicht gewesen wäre, wäre mir in dieser Zeit möglicherweise einfach die Puste ausgegangen."

7.2.5. Gespräch mit Dietmar Flosdorf

„Sie war wirklich eine stattliche Person; nicht von der Größe her, sondern von der Präsenz und Tatkraft auch im Alter[367]*."*

Dietmar Flosdorf: Bratschist, Stimmführer beim Wiener Kammerorchester, Lehraufträge an der Musikuniversität Wien.

„Also, man kam da durch den Hetzendorfer Schlosspark. In ihrer Wohnung dann ging man durch den kleinen Flur, kam ins Wohnzimmer und da saß sie auf einem Hocker ohne Lehne, also immer, wirklich immer, und dermaßen geerdet und aufrecht und präsent, dass man gar nicht anders konnte als das in irgendeiner Weise zu kopieren und sich gestärkt zu fühlen.

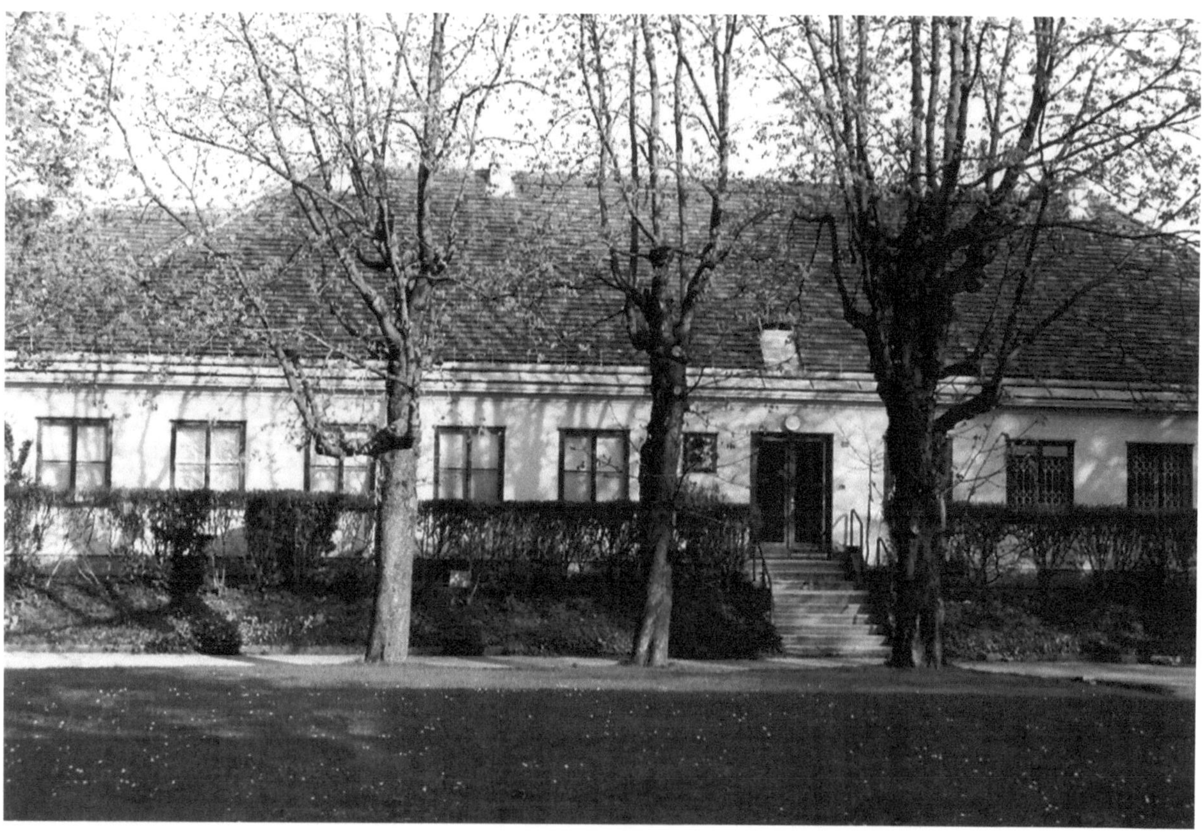

Schloss Hetzendorf, Gärtnertrakt

367 Dietmar Flosdorf. Zitat und Inhalt des Kapitels aus: Gespräch in Wien, 16. Juni 2005.

Bei allem Arbeiten war das das Entscheidende: Dass sie einfach als Person so eine stärkende Ausstrahlung hatte, dass man das in gutem Glauben übernehmen konnte und es sich spiegelnd auch übernommen hat und dadurch auch gespürt hat, was diese Einstellung einem körperlich bringt.

Sie hatte eine zupackende Art: Sie hat einen körperlich oft mit viel Energie genommen und dafür gesorgt, dass in der Körpermitte etwas in Bewegung kommt, was ihr ja immer das Entscheidende war. Die ganzheitliche Atmung über das Zwerchfell und was bei mir halt in der ganzen Ausbildung nicht thematisiert worden war.

Vorher hatte ich keine Art von Körperarbeit gemacht. 1983 / 84 bin ich nach Wien gekommen und habe bei Hatto Bayerle Konzertfach Bratsche studiert, 1988 diplomiert, und vor dem Diplom war ich bei Hilde Langer–Rühl. Danach habe ich noch meinen Magister gemacht.

Der Impuls für mich, zu Hilde Langer–Rühl zu gehen, war die Auseinandersetzung mit meiner Unfähigkeit, das Niveau, das ich habe, auch auf dem Podium hinüberzubringen. Sie war da eine große Hilfe und hat mir gute Wege gewiesen, das Problem in den Griff zu kriegen über die Körperarbeit und nicht über den Kopf. Ich war sehr kopf-orientiert in der ganzen Ausbildung und sie hat mir einen Gegenpol bewusst gemacht und das ganz toll mit mir erarbeitet. Da hat sie mir wahnsinnig geholfen.

Dabei ist sie nicht genau darauf eingegangen: Wenn der Bogen zittert, dann tu so und so. Das hat sie gar nicht interessiert. Sondern sie hat versucht, mir als Gesamtmensch Impulse zu geben für meinen Duktus nach außen, und auch, mich in meiner ganzen Körperlichkeit anzunehmen und diese positiv zu nutzen.

Das ist, glaube ich, eine Grundthematik in meinem Leben, weil ich immer diese Größe hatte und mit meinen langen Extremitäten mich nicht so `rund´ fühlte. Dass das nicht stimmt, dass das genau so funktioniert und überhaupt kein Thema ist, das hat sie mir sehr gut vermitteln können, weil sie da überhaupt keinen Zweifel dran gelassen hat, in der Art wie sie auf mich zugegangen ist und an mich geglaubt hat und unerbittlich war, also wirklich streng auch. Sie konnte etwas Beängstigendes haben in ihrer fordernden direkten Art.

Was sie verrückt gemacht hat war, wenn man nur Töne gespielt hat, also wenn man die Finger bewegt hat und den Bogen ´rauf und ´runter gestrichen hat. Das hat sie wahnsinnig gemacht, wenn das nicht gekoppelt war mit einer ganzkörperlichen Aussage. Wie falsch oder daneben die Töne auch immer waren - das war ihr letztendlich egal. Sie wollte spüren, dass jeder musikalische Akzent körperlich bis zum Zwerchfell wahrnehmbar war.

Ein Standardsatz von ihr lautete: Der ganze Mensch musiziert. Musizieren heißt nicht, einfach nur die Arme ´rauf und ´runter zu bewegen.

Die Röntgenaufnahmen vom Zwerchfell waren ja immer ihr Steckenpferd, und die Tatsache, dass man bei großen Musikern sehen kann, dass sich der Verlauf der musikalische Phrase in der Zwerchfellatmung spiegelt, und zwar nicht nur beim Sänger, sondern auch beim Instrumentalisten.

Sehr gern zitiert hat sie Edwin Fischer, der war ihr großes Ideal. Es gibt ein kleines Büchlein von ihm: `musikalische Betrachtungen[368]´ als Insel Taschenbuch. Das hat sie mir dann mitgegeben. Da gibt es den berühmten Satz: „Du musst vom kleinen [sic] Zeh aus musizieren." Das war ihr Standardsatz, den hat sie immer zitiert.

Was auch eine Rolle gespielt hat, warum ich mich dort so wohl gefühlt habe und warum ich dort gerne hingegangen bin und was mich so aufbauen konnte: Weil es bei ihr in der Wohnung so eine Atmosphäre hatte, wie ich es von zu Hause kenne: Was man so ein bisschen unter „gutbürgerlich" versteht, mit alten Stichen, so ein gewisses gehobenes intellektuelles, aber warmes Niveau.

Ich bin da wirklich immer gerne hin- und immer anders hinausgegangen als ich hineingegangen bin. Auf jeden Fall.

Heutzutage würde man vielleicht auch sagen: Man hat eine Therapie gemacht oder war beim Psychotherapeuten. Das war ich damals bestimmt bei ihr, obwohl es nie das war. Sie hätte das nie so stehen lassen. Aber letztendlich war es auch das. Und auf eine effektivere Art und Weise, als es jeder Psychotherapeut macht, der eine Gesprächstherapie oder so etwas macht und immer nur über den Kopf arbeitet und der das andere alles ein bisschen zu kurz kommen lässt. Sie hat eben genau auf

368 Edwin Fischer: Musikalische Betrachtungen. Insel Verlag, Oberursel, Taunus, 1949.

dem anderen Weg gearbeitet. Und dann auch oft so ganz praktische Lebenshinweise gegeben: Welche Art von Bett war ihr wichtig, lieber mit angewinkelten Füßen sich auf den Rücken legen - Ideen, bei denen man sich so ein bisschen festhalten konnte und ausprobiert hat für sich, ob das etwas bringt. Und da hatte sie so eine Überzeugungskraft, dass man das auf jeden Fall mal für sich probiert hat, ob das für einen passt.

Irgendwann hat sich's dann für mich überlebt, weil ich gespürt hab, dass ich das, was ich von ihr mitnehmen kann, bekommen habe und daran gewachsen bin. Sie konnte mir dann in dem Sinn nicht mehr instrumental weiterhelfen. Sie konnte mir als Mensch und sich als ganzer Mensch einbringend entscheidende Impulse geben. Wie das jetzt in der Umsetzung weiter funktionieren kann, da konnte sie mich in dem Sinn nicht weiter unterstützen. Beziehungsweise war das auch nicht ihr Anspruch. Ich weiß nicht mehr, wie wir den Unterricht beendet haben. Da war ja dann auch meine neue Instrumentallehrerin Frau Kim Kashkashian wichtig für mich als gute Weiterführung. Für die Magisterarbeit hab ich dann noch beim Bernhard Riebl weitergemacht.

Eine gute Weiterführung war die Dispokinesis, die ich durch meine damalige Freundin kennengelernt habe, die damals diese Ausbildung gemacht hat. Dadurch habe ich das alles gut mitgekriegt. Das war sozusagen eine weitere intellektuelle Auseinandersetzung mit dem Gleichen, sehr instrumental bezogen: Die Verbindung von allem lässt mich ein guter Lehrer sein. Ich glaube schon, das kann man so sagen.

Mein Unterricht bei Hilde Langer–Rühl war immer privat. Sie war ja damals schon nicht mehr an der Musikhochschule, und ich bin daher privat zu ihr gegangen. Ich war nicht der einzige, es sind sehr viele zu ihr gegangen.

Man begegnete anderen, die gerade gingen oder kamen, sich die Klinke in die Hand gaben. Auch Leute, bei denen ich dann gedacht habe: „Aha? Warum geht denn der da hin? Der ist doch eh so ein Supermusiker!“ So in etwa, wenn man dann jemandem begegnet ist. Ein Semester in etwa war ich regelmäßig bei ihr.

Wer hatte den Kontakt hergestellt?

Gute Frage. Man wusste um sie. Genaueres weiß ich nicht mehr. Ich weiß nicht, ob ich mich erst um den Lehrgang bemüht habe, dort hineinzukommen und dass ich dann gemerkt habe, ich muss das anders machen. Jedenfalls, nachdem ich mit ihr gearbeitet habe, hat sie mir empfohlen, auch noch zum Bernhard in den Lehrgang zu gehen. So bin ich zu Bernhard Riebl gekommen wegen meiner Magisterarbeit, bei der er mich betreut hat, und zu Herrn Franz Muhar.

Hilde Langer–Rühl hatte Muhar zitiert und mich in seine Lehrveranstaltung geschickt. Weil sie gesagt hat: „Da kannst Du noch einmal physiologisch hören, was ich will." Aber wie genau die Abfolge war, wer mich auf die Idee gebracht hat, privat zur Hilde Langer–Rühl zu gehen, das weiß ich nicht mehr.

Die \`schnelle Lösung´ zur Bewältigung der Vorspielangst sind ja die Betablocker. Das ist Thema bei Musikern, das aber tabuisiert wird. Und für mich kam auf einmal ein Punkt am Ende meines Studiums, wo ich gesagt habe: Das kann aber nicht mein Weg beim Probespiel sein. Ich will nicht mein Berufsleben mit Betablockern bewältigen. Ich muss etwas anderes finden. Ich will das \`ehrlich´ hinkriegen, sonst brauch ich kein Diplom zu machen. Und dann ist man auf der Suche und dann begegnen einem die Dinge auch, die einem weiterhelfen.

Für das Diplom entstanden da auf einmal die Blockade und diese Angst vor dem wahnsinnig großen Repertoire, das man damals vorspielen musste. Damals hat auch Hatto Beyerle mir sehr geholfen, weil er diesen Niveaueinbruch bei öffentlichen Vorspielen einfach als \`ist halt so´ angenommen hat und genau das Richtige gemacht hat, nämlich mich ständig vorspielen hat lassen, konstant. Dazu kam etwas Privates im Hintergrund, was er natürlich nicht wissen konnte. Aber er hat genau das Richtige getan, in Kombination mit Hilde Langer–Rühl: Er hat mich einfach trainieren lassen, konstant, damit das Vorspiel etwas Normales wird.

Durch das ständige Spielen konnte ich das umsetzen lernen, was Hilde Langer–Rühl von mir wollte. Im stillen Kämmerlein bringt das ja nichts - das sind ja zwei Welten, hier im Zimmer und draußen auf der Bühne.

Ich habe ihr wohl später zu Weihnachten geschrieben, aber sonst war der Kontakt nach der Unterrichtszeit abgeschlossen. Für mich. Ob sie es auch schon so erlebt hat, weiß ich nicht. Sie hätte bestimmt noch gedacht, dass ich das noch viel besser machen könnte oder mit viel mehr Power. Aber ich habe gespürt, dass ich bei ihr für mich nicht mehr neue Impulse bekommen kann und zwar für mich weiterarbeiten, aber nicht mehr ständig bei ihr vorbeikommen muss. Ich wollte eigenständig und nicht von ihr abhängig werden als Mensch und als Kraftgeber oder Ähnliches.

Wenn Du beschreiben würdest, was sie vermittelt hat:

Musik ist nur dann Musik, wenn sie vom ganzen Menschen musiziert wird. Ich habe oft gedacht im Kammerorchester: Der Shandor Vegh und sie, das wären zwei Menschen, die zusammen passen, weil er gegen die `Coca-Colonialisierung´ der Musik gewettert hat, und sie auch. Das ist natürlich auch eine Generationsfrage, weil sie auch mit dem Oberflächlichen und dem Leichtlebigen und Schnelllebigen nicht konnte und da eine klare Gegenposition bezogen hat. Das sind meine Interpretationen, aber so habe ich sie immer erlebt: Wenn, dann richtig und mit vollem Einsatz und innerer Überzeugung und dazu stehen. Das sind alles Werte, die sie durch ihre ganze Person ausgestrahlt hat.

Habt ihr an Literatur gearbeitet?

Was ich gespielt habe innerhalb des Instrumentalunterrichtes, habe ich dann auch dort gespielt, aber das waren dann immer nur die ersten 16 Takte – die Exposition maximal. Ich habe gespielt und sie hat versucht, mich mit dem Körper zu aktivieren, damit ich ganzheitlich atmend wirklich stütze, was ich da tue. Zulangend und nicht nur darüber redend.

Die Stunden haben immer am Boden angefangen, ganz klar. Immer auch mit Stimme.

Zu ihrem aufrechten Sitz noch: Rubinstein oder Horowitz sitzen auch immer so da: Alles aufrecht – und da (in den Fingern) läuft es. Das hat sie auch immer so beschrieben als Vorbild. Damit jedes Tun gestützt ist und alles andere frei arbeiten kann. Das sah man früher insgesamt häufiger, meinte sie: Eine Kraft, die innen gesammelt ist und dadurch viel mehr nach außen gehend und Tiefe fordernd und gebend wirkt.

Sie hat auch oft am Klavier dazu gespielt.

Sie konnte da auch böse werden, im Unterricht, wenn sie einfach nicht gespürt hat, dass man da jetzt über seinen Schatten springt. Dass man eine Tendenz hat, mit Rückzug zu reagieren, und sie wollte natürlich genau das Gegenteil, sie wollte eher, dass ich aufmache und komme und ihr etwas entgegen setze.

Hat das gegriffen, konntest Du die Energie übernehmen?

Im gewissen Umfang schon. Ich würde mir nie anmaßen, dass ich grundsätzlich ein anderer geworden bin. Ich bleibe trotzdem der, der ich bin. Aber ich habe Strategien erlernt, das bei mir wachzurufen und auch mehr oder weniger je nach Gesamtkonstitution und innerer Stärke anzuwenden.

Aber ich bin trotzdem keine Langer–Rühl. Das könnte ich nie werden. Bei ihr kam es von innen heraus und war dadurch so selbstverständlich sichtbar schon in dem wie sie saß. Sie konnte einfach nicht anders, sie saß immer so. Ich musste daran mal mehr, mal weniger denken und dann ging es schon – damals. Ich glaube, sie hat nie daran gedacht. Sie war einfach so. Das ist wie im Sinne von Feldenkrais: Bewusstheit. Sie ist einfach so gewesen. Ich kann natürlich etwas durch mein Bewusstsein steuern und dadurch verändert sich's auch, ich kann auch mich ein bisschen konditionieren und trainieren. Aber trotzdem ist es etwas, was entwickelt ist, und nicht etwas, was aus mir schon immer von selbst herauskam.

Sie hatte ja auch schon einen langen Weg hinter sich. Das sieht man ja bei sich selbst auch. Man erfährt dann eine Lebensentwicklung und bekommt Facetten von vielem mit, bei dem man merkt, man kann auf anderen Gebieten freier werden, und das bietet wieder Rückflüsse. Aber das ist nur eine Bestätigung von dem, was sie sagt: Es ist immer ein Ganzes. Ich kann nicht an den Fingersätzen üben und am Spiccato, wenn ich das andere nicht mit entwickle. Genauso hängt damit auch die Podiumsdisposition zusammen. Das hängt von meiner Gesamtperson ab, wie ich das hinkriege und wie ich damit umgehen kann und welche Souveränität ich habe. Weil ich das als Gesamtes einordnen kann. [...] Das kommt mir jetzt im Gespräch, dass sich ein Bogen spannt von meiner eigenen Auseinandersetzung damals mit Hilde Langer–Rühl zu dem, was ich jetzt auch weitergeben kann.

Was hat Dich gestört an Frau Langer–Rühl?

Am Anfang habe ich immer gedacht: Die hat ja nie Mitleid. Letztlich muss ich natürlich sagen: Sie hat Recht gehabt, weil Mitleid einem ja nichts bringt. Also sozusagen Streicheleinheiten habe ich da keine bekommen. Das ist ja auch so eine pädagogische Falle, dass man Mitleid hat mit dem, der zur Tür reinkommt und sagt: „Ich versteh dich eh". Das gab es bei ihr nie. Aber letztendlich ist das natürlich richtig, glaube ich, weil anders der Schüler ja nicht wächst.

Verwendest Du diese Inhalte bei deinen Schülern?

Das ist immer eine Frage der Offenheit und der Zeit: Das ist meines Erachtens immer das Problem beim Unterrichten abhängig vor allem auch von Niveau und Alter: Inwieweit ist eine Bereitschaft spürbar, sich auf den Weg über den `Boden´ einzulassen. Wenn ich merke, dass die da ist, dann mache ich das schon.

Was ich immer mit einfließen habe lassen ist die Dispokinesis. Die verbindet physiologisches Wissen aus meiner Sicht extrem gut mit instrumentaltechnischem Wissen. Das habe ich konstant verwendet: Das physiologische Wissen über den Körper und wie Bewegung funktioniert übertragen auf den reinen Instrumentalunterricht.

Die Basis ist Langer–Rühl, rein vom Boden kommend, und darüber kommt die Kopplung mit physiologischem Wissen, um am Instrument begründen zu können, warum ich Gewisses einfordere.

Die Dispokinese geht ja auch vom Boden aus und arbeitet die Entwicklung nach. Sie redet aber nicht über ganzheitlich Menschliches, sondern eher über Bewegungsabläufe und über Körperspannung. Dort ist alles physiologisch begründet. Hilde Langer–Rühl hat mehr darauf vertraut, dass sich das Ganze verselbstständigt und damit auch richtig ist und wird. Das ist auch unbenommen.

Aber im reinen Instrumentalunterricht passt manchmal die Dispokinese besser, weil ich hier natürlich viel über den Kopf arbeite und begründe und verständlich machen will – und das auch so erst einmal erwartet wird. Es ist etwas anderes als gleich zu sagen: Jetzt legen wir uns mal hin und spüren.

Welcher Weg eher ziel führend ist, weiß ich gar nicht. Vielleicht ist sogar der Langer–Rühlsche Weg bei manchen der effektivere. Ein Weg, der an die Selbstregulation des Körpers glaubt, die Regulation des Körpers auf den Geist. Das ist ihr Credo gewesen, glaube ich.

7.2.6. Gespräch mit Gottfried Justh

„Was haben wir gemacht? Zeigen Sie mal her[369]!“

Gottfried Justh: Geiger bei den Wiener Symphonikern

Im Jahr 1978 sah Gottfried Justh ein Plakat des Lehrganges in der Lothringerstraße hängen. Er selbst war damals schon Mitglied beim ORF-Orchester bzw. bei den Wiener Symphonikern. Zu dieser Zeit interessierte ihn das Thema Körperhaltung, und so besuchte er Hilde Langer–Rühl. Diese schickte ihn zunächst zum Röntgenfacharzt Kurt Grabenwöger[370], der in seiner Praxis in der Mariahilfer Straße in Wien Aufnahmen der gesamten Wirbelsäule in einem Stück machen konnte. Beim zweiten Anlauf – die Röntgenassistentin hatte zunächst doch geteilte Abschnitte aufgenommen – kamen dann die gewünschten Bilder zustande und zu Hilde Langer–Rühl ins Archiv.

Die gemeinsame Arbeit im Lehrgang war systematisch und regelmäßig - Unterricht erfolgte zweimal in der Woche, jeweils 45 Minuten lang.

Unterrichtsthemen waren: Wie atmet man? Wie schläft man? Man brauchte ein Kissen mit 70 mal 20 cm Maß. Liegen durfte man nur in Rückenlage oder mit einem angewinkelten Knie, der Kopf zeigte in die gleiche Richtung wie das gewinkelte Bein.

Hilde Langer–Rühl hatte Justh angeboten, die Assistenz im Lehrgang zu übernehmen. Aber Beruf und Familie machten diese zusätzliche Aufgabe unmöglich.

---

369 Hilde Langer–Rühls Anfangsfrage zu Stundenbeginn, Erinnerung von Gottfried Justh. Zitat und Inhalt des Kapitels aus: Gespräch in Wien, 29.3.2006.
370 Vgl.: Hilde Langer–Rühl: Kann man atmen lernen? Wien, oJ, S.2.

Besonders an der Vorgehensweise Hilde Langer–Rühls war die Zusammenarbeit mit Medizinern, die sie besonders seriös machte. Auffällig war auch, dass man während der belasteten Bewegungsphase einatmet, denn in den meisten Bewegungsprogrammen wird während dieser Phase ausgeatmet

Persönliches Arbeitsziel von Gottfried Justh war gewesen, körperlichen Problemen, die durch das Instrumentalspiel bedingt waren, entgegenzuwirken, insbesondere ganz konkret Rückenschmerzen zu vermeiden. Arbeitsschwerpunkt war das richtige Sitzen mit Spannung, möglichst nicht angelehnt sondern durch die Atmung gestützt. Bei Hilde Langer–Rühl hat Justh so gut die Atmung erlernt, dass er bei einer Reihenuntersuchung der Wiener Symphoniker vom Internisten sofort als Bläser eingeschätzt wurde, weil seine Zwerchfellatmung so gut war.

Erinnerung an eine Übung: „Lehnen Sie sich gegen die Tür, atmen Sie richtig aus und dann ein.“

Jusths Erwartungen in den Unterricht wurden erfüllt, gegen die Verspannungen wurde ihm geholfen.

Er schloss den Lehrgang ab mit dem Gefühl: „Jetzt weiß ich, wie man atmet, ohne laut nach Luft zu schnappen“. Dies ermöglicht ein ganz anderes Arbeiten im Beruf.

Er hat auch seinen Lebensstil damals wirklich entsprechend `umgekrempelt´, inklusive Schlafen. Heute gibt es aber andere Prioritäten.

Was würde ich nicht so machen: „Ich würde nicht so drüberfahren über die Leute.“ Sie hat „mit Offiziersstimme alles niedergewalzt!“

Unangenehm war ihm das „Herumgewälze“ am Boden.

7.2.7. Gespräch mit Franz Muhar

„Sie hat mich eingeladen zu sich in die Akademie. Da bin ich gekommen. Das war alles sehr interessant[371].“

Franz Muhar: Facharzt für Lungenkrankheiten, war als freier Primar für Lungenheilkunde an der zweiten chirurgischen Klinik in Wien sowie in eigener Praxis tätig.

Muhar arbeitete in der Krankenanstalt Baumgartner Höhe, wo das erste Lungenfunktionslaboratorium Österreichs eingerichtet war. Dort wurden bis zu 1700 thoraxchirurgische Eingriffe pro Jahr vorgenommen, für die bald die Möglichkeit einer genaueren Befunderhebung nötig wurde. Muhar erhielt ein Budget von zwei Millionen Schilling, um eine Station für Atemphysiologie einzurichten. So bekam die Baumgartner Höhe die `allermodernsten[372]´ Apparate zur Verfügung gestellt. Diese Station war damals die erste, in der Atmung und Stimme so genau untersucht werden konnte. Franz Muhar hatte von Hilde Langer–Rühl und ihren Ansätzen gehört und die Zusammenarbeit gesucht. Er hatte sie sogar im Unterricht besucht und zugesehen.

7.2.8. Gespräche mit Cornelius Langer

„Meine Mutter hat die Emanzipation der Frau wie etwas Selbstverständliches gelebt[373].“

Cornelius Langer: Sohn Hilde Langer–Rühls, Schriftsteller und Photograph

Die Gespräche mit Cornelius Langer (20. Mai 2006, 6. Mai 2007, 18. Februar 2011) sowie mehrere Telefonate bilden die Hauptquelle für den biographischen Teil der

371 Franz Muhar. Zitat und Inhalt des Kapitels aus: Gespräch in Wien, 13. Juni 2005.
372 Franz Muhar, Gespräch in Wien, 13. Juni 2005.
373 Cornelius Langer. Zitat und Inhalt des Kapitels aus: Gespräche in Wien am 20. Mai 2005 und am 6. Mai 2006.

vorliegenden Arbeit. Er hat Einsicht in Belege, Zeugnisse und Briefe aus seinem Privatarchiv gewährt und selbst intensiv recherchiert. Dankenswerter Weise hat er auch alle Bilder für die vorliegende Arbeit zur Verfügung gestellt.

Cornelius bewohnte ab 1971 überwiegend den Zweitwohnsitz der Familie in Bad Aussee, die Mutter lebte nach dem Tod ihres Mannes 1975 gerne allein in ihrer von vielen Schülern besuchten Wohnung im Hetzendorfer Schloss. In Ferienzeiten traf sich die Familie oft in Bad Aussee, Cornelius besuchte die Mutter darüber hinaus in seiner „saisonfreien“ Zeit immer wieder in Wien. Es gab viele, oft übereinstimmende Diskussionen über musikalische Interpretationen, zum Beispiel nach Radiokonzerten.

Er erzählte folgende Begebenheit als Beispiel für die internationale Einstellung Hilde Langer–Rühls:

Als in den vierziger Jahren ein SS- Mann zu ihr sagte: „Es ist wunderbar, dass Sie für unser Regime spielen!“, antwortete sie: „Ich spiele für jedes Regime!“ Daraufhin wurde sie durch die Gestapo beobachtet.

Ihre große Religiosität zeigte sich - oder gründete sich – auf Erlebnisse wie Folgendes: Als sie während der Flucht nach Aigen im Ennstal an einer Mauer am Innsbrucker Hauptbahnhof stand, hörte sie eine Stimme: „Weg hier!“ Sie reagierte und verließ ihren Platz, und gleich darauf schlug an der Stelle, an der sie gestanden hatte, eine Bombe ein!

Als im Februar 1945 Dresden bombardiert wurde, hatte sie nach einem Klavierabend, bei der sie die drei letzten Beethovensonaten gespielt hatte, noch den letzten Zug aus Dresden heraus nehmen können. Hinter sich sah sie die Stadt in Flammen aufgehen.

> *„Aber die Geschichte der Familie und des Lebens mit meiner Mutter ergäbe allein schon ein Buch - und da fange ich hier lieber erst gar nicht damit an“.*

7.2.9. Gespräch mit Dorothea Zwettler

„Man muss seine Ziele verfolgen[374]!“

Dorothea Zwettler: Tochter Hilde Langer–Rühls, Graphikerin und Dekorateurin, inzwischen in Pension

Erinnerungen an die Kindheit: Dorothea, kurz Doris genannt, denkt unter anderem gerne zurück an Familienausflüge, Musikstunden bei der Mutter und an gemeinsames Kochen. Mit hervorragendem Geschick nicht nur in der Musik, sondern auch in der Küche, stellte Hilde Langer–Rühl in den Sommerferien verschiedene Marmeladen für die Familie her. Nach einer ausgefüllten Woche wurde meist am Samstagnachmittag geputzt und staubgesaugt; einmal wöchentlich übernahm eine Bedienerin die gröberen Hausarbeiten. Je nach Zeit halfen auch die Kinder im Haushalt mit.

Dorothea, oder kurz Doris, erinnert sich daran, dass sie immer ein sehr selbstständiges Kind gewesen war.

Cornelius lernte Geige, Dorothea Blockflöte. Nach der Pflichtschule absolvierte sie die „Fachschule für Musterzeichnen“ an der Höheren Bundeslehr- und Versuchsanstalt Spengergasse mit Auszeichnung. Während dieser Zeit erhielt sie auch bereits an der damaligen Musikakademie (heute Universität für Musik und darstellende Kunst Wien) Unterricht in der Konzertklasse für Altblockflöte. Da Doris aber noch lieber zeichnete und malte als musizierte, entschied sie sich nach einem Jahr an der Akademie für angewandte Kunst für den Beruf als Dekorateurin und Graphikerin.

Der Vater Norbert Langer arbeitete als Journalist und Autor zu Hause und half den Kindern bei den Hausaufgaben. Im Sommer siedelte der gesamte Haushalt immer in das Haus in Bad Aussee; auch Katze Duri reiste jedes Mal mit.

---

374 Dorothea Zwettler erinnert sich an einen Leitsatz ihrer Mutter. Zitat und Inhalt des Kapitels aus: Gespräch in Wien, 27. Juni 2006.

Sie heiratete später und hat zwei Söhne hat: Thomas (geboren 1977) und Harald (geboren 1981).

1979 bis 1982 wohnte Doris' Familie ein paar Häuser von Hilde Langer–Rühl entfernt ebenfalls in der Hetzendorferstraße. Doris war mit jedem Kind zweieinhalb Jahre zu Hause. Sohn Thomas besuchte den Kindergarten im Schloss Hetzendorf. Der Kontakt zur Oma war gut, und wenn es sich ergab, frühstückten sie gemeinsam. Nachdem Doris mit ihrer Familie 1983 in ein kleines eigenes Haus in das Burgenland übersiedelt war, besuchte die Familie einmal im Monat die Oma in Hetzendorf.

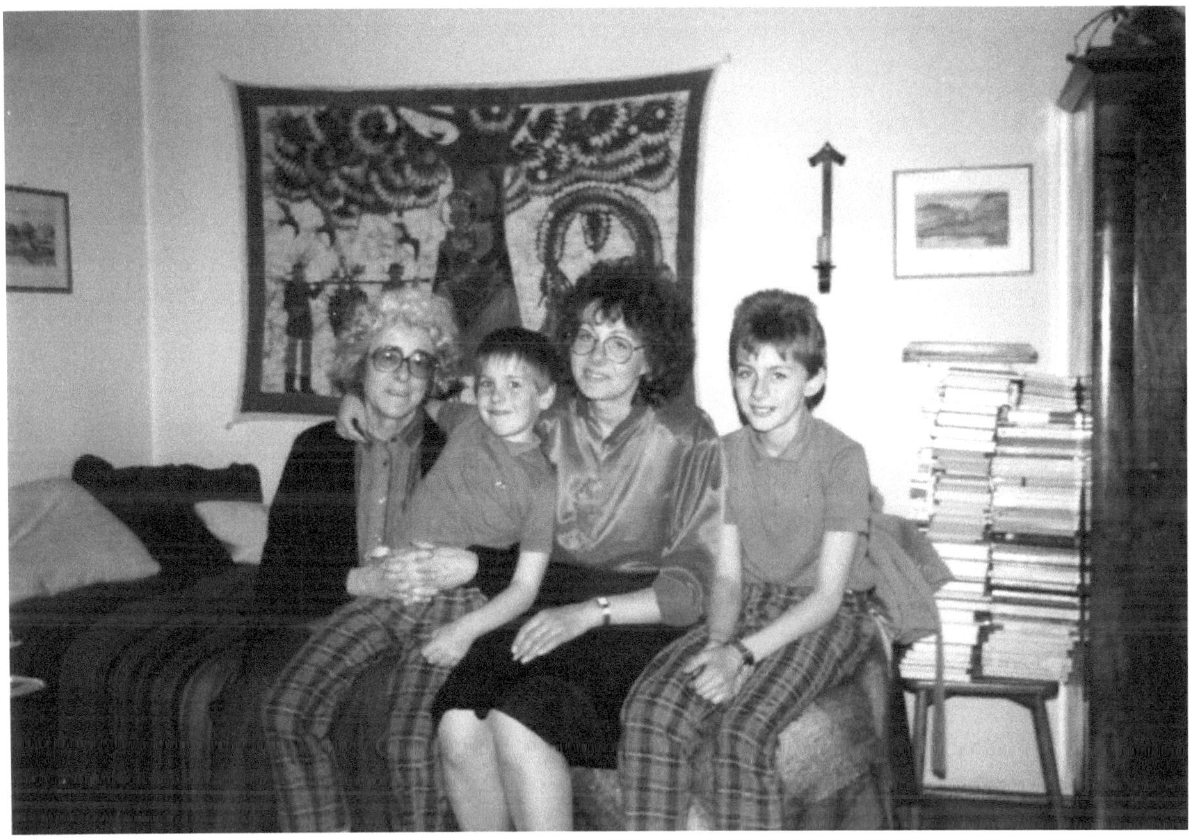

Hilde Langer–Rühl mit Tochter Dorothea Zwettler und deren Kindern Thomas und Harald Kreiler

Doris arbeitete seit 1970 als Graphikerin für ein Wiener Einrichtungshaus. Anfang der 90er Jahre suchte sie nach ihrer Scheidung wieder einen Job, war sich aber unsicher, ob sie nach der längeren Pause wieder in der gleichen Firma arbeiten könne. Nach einer Erledigung in Wien hatte Doris auf dem Weg zum Bahnhof noch etwas Zeit übrig. Sie überlegte, bei ihrem ehemaligen Arbeitgeber vorbei zu schauen.

Dabei musste sie intensiv an ihre Mutter denken und hatte das Gefühl, dass diese sie vom Himmel aus in ihrem Entschluss bestärkte: „Sei mutig, geh hin!" So bewarb sie sich und erhielt in Anknüpfung an ihre bereits in der Firma erwiesenen Kompetenzen und weil eben ein Mitarbeiter freiwillig ausgeschieden war tatsächlich ihren alten Arbeitsplatz zurück.

Das Besondere an Hilde Langer–Rühl war ihre Fähigkeit, die Begabungen der Menschen zu entdecken und hervorzuholen. Im Gesamten gesehen war sie das große Vorbild ihrer Tochter.

7.2.10. Aus einem Zeitungsinterview mit Irwin Gage

> *„Sie hat mir gezeigt, wie man Klang stützt, wie man aus dem Zwerchfell spielt. Wir haben sehr viel an Atemtechnik gearbeitet und so weiter. Sie sagte immer: Wenn Sie begleiten wollen, dann müssen Sie das Beste Legato in der Welt spielen können. Und ich bin heute eigentlich ganz zufrieden mit meinem Legato[375]."*

Irwin Gage ist Pianist und Liedbegleiter, u.a. Professor für Liedgestaltung in Saarbrücken und Zürich.

Gage erhielt privaten Unterricht bei Hilde Langer–Rühl, die als seine Klavierlehrerin große Bedeutung für sein Spiel hatte (s.o.).

375 Irwin Gage: „Die Lyrik starb mit dem Zweiten Weltkrieg", zitiert von Carsten Dürer in: PIANOnews, http://portraits.klassik.com/musikzeitschriften, download vom 3.1.2008.

7.2.11. Aus einem Gespräch mit Ulrike E. Jungmair

„Doch durch sie durfte ich erahnen, was Musik in einem Menschen bewirken kann[376].“

Ulrike E. Jungmair, Elementarmusikerzieherin, Lehrtätigkeit an der Universität Mozarteum, Abteilung „Musik- und Tanzpädagogik – Orff-Institut“ in Salzburg

Der folgende Dialog stammt aus der Veröffentlichung eines von Manuela Widmer (Lehrbeauftragte für Elementare Musik- und Tanzerziehung am Mozarteum Salzburg) mit Ulrike Jungmair geführten Interviews im Jahre 2003[377]:

> *Ulrike Jungmair: „[...] Ich durfte in die Musikschule. Dort war eine sehr beeindruckende Dame meine Lehrerin, sie hat meinen Weg sicher nachhaltig geprägt. Frau Langer–Rühl hatte mir die erste zweistimmige Invention von Bach nahe gebracht. Unauslöschlich hat sich diese Komposition in meinem Gedächtnis eingeprägt und meine Liebe zu Bach begründet. [...] Dieser Unterricht dauerte leider nur 3 Monate, dann verließ Frau Langer–Rühl Bad Aussee, um nach Wien zu gehen. [...] Eine spätere Klavierlehrerin hat meine Liebe zu Bach verständnislos kommentiert: `Geh, du mit deinem Bach...´, dort sah ich für mich keine Chance weiterzukommen. [.....]“*
>
> *Manuela Widmer: „Du hast gerade sehr eindringlich erzählt, wie unterschiedlich Du bereits als Kind Deine Instrumentallehrer erlebt hast. Wie würdest Du das heute didaktisch deuten?“*
>
> *Ulrike Jungmair: „Diese Abhängigkeit von einer positiven emotionalen Atmosphäre – das ist ein Gedanke, der mich später als Lehrende immer begleitet hat. Das ist eine Bedingung für unterrichtliche Prozesse, die mir immer ungeheuer wichtig war, eben weil ich es selbst erlebt habe. In einer Atmosphäre, in der nicht absolute Übereinstimmung besteht, ist ein Lernen nicht möglich – das würde ich auch heute noch fast so apodiktisch sagen wollen. Gerade bei meinem eigenen Klavierunterricht ist mir so deutlich geworden, dass ein guter Lehrer in einer guten Beziehung auch*

376 Manuela Widmer: Gespräch mit Ulrike Jungmair. am 7. Mai 2003 in: Orff Schulwerk Informationen, Heft 70. Salzburg 2003, S.25f.
377 Ebd., S.25f.

ein fordernder Lehrer sein kann. Diese Hilde Langer–Rühl – diese Frau hat mich ungeheuer gefordert mit ihren Bachinventionen, diese Frau hat sicher meine Liebe zu Bach begründet. Es waren nur drei Monate – aber in meiner Erinnerung eingeprägt, wie ein Stempel, wirklich unglaublich! Später dann diese andere Lehrerin – `Geh du mit deinem Bach´ – das bleibt dir genauso, diese Missachtung von Wünschen, von Sehnsüchten, die du musikalisch hast, weil du dich irgendwie ausdrücken willst. Diese auch widersprüchlichen Erfahrungen haben auch mein Lehrersein später sehr geprägt."

7.2.12. Aus „JESS zur Musik" von Ewald Kropfitsch

„Du kannst es", waren die ständigen Worte der später in Wien Johannes unterrichtenden Professorin Langer–Rühl[378]."

Das Jess-Trio Wien besteht aus den Geschwistern Johannes Jess-Kropfitsch, Klavier, Elisabeth Jess-Kropfitsch, Violine, und Stefan Jess-Kropfitsch, Cello. Sie traten bereits sehr jung international auf.

„Mit Lehrern wie Wilhelm Kempff, Hilde Langer-Rühl, [...] arbeiteten sich die jungen Musiker in die Spitzenränge der instrumentalen Künstler hoch und stellen seit nunmehr über 25 Jahren ein faszinierendes Ensemble von höchster musikalischer Aussagekraft dar[379]."

Der folgende Abschnitt stammt aus dem Buch: „JESS zur Musik. Von den Anfängen bis zum 1000. Konzert[380]":

„Johannes wird in den Vorbereitungslehrgang der Musikhochschule Wien aufgenommen. Frau Professor Langer–Rühl vermittelt ihm die Klaviertechnik von Eduard Erdmann und Wilhelm Kempff. [...] Die Professorin versteht es hervorragend, sein Talent zu fördern. [...] Die Frau Professor ist eine wunderbare Pädagogin. Sie weiß technisch und musikalisch immer wieder Neues und Interessantes anzumerken, und zwar mit einem Bleistift der Gattung Nr. 1. Dementsprechend sehen die

---

378 Ewald Kropfitsch: JESS zur Musik. Verlag Niederösterreichisches Pressehaus, St.Pölten 1995, S.18.
379 Aus: www: http://www.gramola.at/index.php?Rpage=produktionen.html, Online im Internet. (13.06.2005).
380 Vg.: Ewald Kropfitsch: JESS zur Musik. Verlag Niederösterreichisches Pressehaus, St.Pölten 1995.

ursprünglich jungfräulich-sauberen Noten allmählich aus wie surrealistische Bilder.

Schließlich meint Johannes vorsichtig: `Liebe Frau Professor, jetzt erkenne ich leider nicht mehr, was von den Eintragungen noch aktuell und was schon überholt ist´.

`Ah, das werden wir gleich haben´, antwortet die resolute, aber herzensgute Frau. Sie holt einen Rotstift aus ihrer Handtasche und trägt die neuesten Erkenntnisse nun noch einprägsamer in die Noten ein[381].“

7.2.13. Aus einer Online-Biographie von Martin Gabriel

„Was ich von ihr im Laufe der Zeit Essentielles in puncto Atemtechnik gelernt habe, ist unbezahlbar (…)[382]“.

Solo-Oboist des Staatsopernorchesters und der Wiener Philharmoniker, unterrichtete 1978 bis 1987 Atemerziehung für Bläser an der Abteilung 4 für Blas- und Schlaginstrumente der Hochschule für Musik und darstellende Kunst, Wien.

„…sein Vater, der seinerseits eine Opernklasse an der Musikhochschule leitete, (ermöglichte) einen weiteren wichtigen Kontakt. Jenen zu Hilde Langer-Rühl, der legendären Begründerin der Atem-, Stimm- und Bewegungsschulung für Sänger und Instrumentalisten.

„Sie unterrichtete an der Hochschule eine Klaviervorbereitungsklasse, hatte aber darüber hinaus auch einen Lehrgang für Atem- und Stimmtechnik inne. Was ich von ihr im Laufe der Zeit Essentielles in puncto Atemtechnik gelernt habe, ist unbezahlbar und sollte automatisch Bestandteil jeder Sänger- oder Instrumentalistenausbildung sein. Viele Berufskrankheiten, wie etwa ein vorzeitiges Lungenemphysem, wären dadurch vermeidbar[383]“.“

---

381 Ebd., S.23f.
382 Aus: Andreas Láng: Martin Gabriel. http://www.wiener-staatsoper.at/Content.Node/home/aktuelles/Martin-Gabriel.de.php. Online im Internet (25.10.2011)
383 Ebd.

7.2.14. Tonbandaufzeichnung einer Unterrichtsstunde

„Das Schwerste finde ich ja, dass man lernt, in wie weit man nachgeben kann, ohne dass es zusammenfällt. Denn wenn man überhaupt nicht nachgibt, ist man steif. Und das ist der große Fehler, den so viele machen, wenn sie dann laut und mit Kraft singen wollen, dann machen sie sich einfach steif und glauben, das ist es. Das ist es nicht! Das ist sehr schwierig[384]!"

Christa Schwertsik nahm während ihrer Zeit bei Hilde Langer–Rühl einige gemeinsame Unterrichtsstunden auf Kassette auf. Die folgenden Zitate stammen aus einer Aufzeichnung in Schwertsiks eigenem ersten Unterrichtsjahr 1981[385]. In runden Klammern sind jeweils Ergänzungen der Autorin eingefügt.

„Ja, es gibt so' n Bach: (sie spielt die Oberstimme der Fuge im Wohltemperierten Klavier II in G-Dur, sehr laut und staccato), das nenne ich die Ischias–Fuge: Denn wenn Sie das so staccato durchspielen zwei Seiten, kriegen Sie so eine feine Erschütterung in der gesamten Wirbelsäule, dass Sie damit – also ich hab mir damit auch geholfen, mit dieser Fuge zu spielen. Ganz locker. Dass der Arm die ganze Zeit so am Hupfen ist. [...] Das fühlen Sie natürlich bis ins Gesäß hinunter, sämtliche Knochen machen das auch. Und wenn man das zwei Seiten lang gespielt hat, das ist sehr befreiend und macht die ganze Wirbelsäule wirklich viel lockerer und damit auch die Zwischenwirbellöcher, wo die Nerven rauskommen. Kann man auch Glück haben! Dem (Namen), dem englischen Pianisten, dem hab ich damit auch geholfen. Das gibt die tollsten Dinge diesbezüglich, das ist reine Glücksache, ist ein Glücksspiel!"

„Wir Armen, im Kummer kommt manchmal mehr Mut, nimmt mit Himmelsmilde Marias Muttermacht stumm Schmerz und Schmach von mir."

Christa Schwertsik: „O je, das kann ich mir nicht merken!"

---

384 Musikkassette: Christa Schwertsik, Hilde Langer–Rühl, Wien, 1981.
385 Ebd.

„Ja, so muss man lernen, Text am Ton zu singen. Durch Sprachübung. Das ist eine alte Regel von Julius Hey, der seine sämtlichen Dinger auch dann im Gesangs-Hey vertont hat. Das ist eine ganze Sprachübung. [...] Die sind zum Teil - manche sind sehr gut zu verwenden, und manche sind ein bisschen zu schwierig, wenn man nicht mit Berufssängern zu tun hat, nicht, aber ich habe die bei Schlaffhorst alle durchgesungen. Und wenn Sie mal einen alten Gesangs-Hey finden können antiquarisch, dann kaufen sie ihn. Weil es sehr anregend ist. [...] Ich hab den für Männerstimmen bis jetzt noch nicht bekommen, und hab aber für Frauenstimmen ihn wohl und hab von da aus dann einfach transponiert und für Männer verwendet. Man lernt so unglaublich."

„Ach, die bei Doblinger sind ja so blöd, Sie müssen zu Musik Müller gehen. Ja, der ist besser nach meiner eigenen Erfahrung. Ich war ein uralter Doblinger-Kunde, viele, viele Jahre, bin dann dort weg und zu Musik Müller, weil der mir die tollsten Sachen verschafft, Beispiel: Ich bin vorige Woche dort gewesen und habe gesagt: `Sie, ich brauche eine Urtextpartitur vom E-moll Konzert von Chopin, eine Schülerin von mir muss das spielen in Hamburg, sie ist sehr begabt; ich will natürlich, dass sie es gut rauskriegt, die ist sehr musikalisch, das müsste möglich sein.´ (ganz leise, vergnügt:) Hab ich gekriegt. Ist aber noch in Leipzig erschienen. Aber es ist die alte große Partitur, da liegt sie, Breitkopf und Härtel, ich hab ja immer aus der Partitur studieren müssen, finde ich auch das einzig Wahre, das ist der original Urtext. Bitte sehr. Ganz was anderes!"

„Schmeißen Sie die Brust heraus! Ja! Fein!!!!!!!!!"

„Sie müssen werfen, als ob Sie mit Ihrem Becken, mit Ihrem Kreuz was wegwerfen wollen. Ganz weit unten. [...] Auf diese Weise kann man das üben. Das müsste auch auf Ihre Nieren gut wirken. Sicher, weil das ja federt, ist ja elastisch, das gibt ja viele Effekte, nicht?"

„Die innere Ziehharmonika. Da muss man schauen, dass sich das gleichmäßig verteilt. Nicht dass oben hier vorne mehr gearbeitet wird als hinten, sondern es muss beides sein."

„Ja! Ich freu mich so, dass die Stimme jetzt so gut wird. Mein Gott! Sie sehen aber, wie lang man arbeiten muss, bis der Einzelne das Instrument dann – ich verstehe unter Instrument eben mehr als Stimme – alles was dazugehört - selbst in der Hand hat. Aber jetzt: Das sind Sie, das ist Ihre Stimme!"

„Ja – das wird bestimmt sehr schön! Das wird bestimmt sehr schön, denn Sie sind ja sehr intelligent und sehr musikalisch, das kommt ja dazu. Und deswegen müssten Sie mit ihrer Stimme noch eine ganze Menge erreichen können. Dass Sie eine ganz klare Aussage haben, und das wäre grade für die Dinge Ihres Mannes oder überhaupt für moderne Musik ja sehr notwendig. Denn das ist ja zum Beispiel etwas, was die (Name einer Sängerin) ja nie gekonnt hat. Die war ja grässlich. [...] Ich hab sie oft gehört, aber es hat nie gut geklungen. Und schließlich handelt es sich doch um Musik und nicht bloß um etwas erhöhtes Sprechen, was zum Teil in Töne dann ausgeweitet wird. So klang das bei ihr."

„Ja, man hält sich von da fest. Das heißt ja auch psychologisch: Wenn Kinder trotzig sind, dann soll man sie hier aufs Brustbein hauen, so ein bisschen klopfen, dann lockert sich das und dann wird das auch weniger trotzig. Das habe ich erst nicht geglaubt, das hat man in Hustedt schon gesagt, und das ist aber wahr. Das habe ich [...] sehr oft erprobt".

„Dann lässt die Spannung des Zwerchfells zu viel aus, wenn die Wirbelsäule nicht nach rückwärts hält. Das ist wie so ein Stützstamm für einen Baum, damit der Baum nicht durch den Wind zu sehr hin und her schwenkt, das ist genau das Selbe. Das Bild muss man sich denken, nicht! Ohne dass die Wirbelsäule auch wieder dabei versteifen soll, das soll sie ja nicht, ein bisschen mitgehen; aber nicht viel, das ist sehr wichtig."

„Doch, das tut auch allen sehr gut, das ist sooo wichtig, dass man das den Menschen gibt, dass man sich wieder freier fühlt."

„Goethe mochte dieses Lied so gern. Es ist höchst primitiv, aber Sie werden schon merken, um was es geht. (Spielt.) Also, primitiver geht es nicht. Nicht?"

„Er (Gesangspädagoge an der Musikhochschule) hat zum Beispiel bei Leuten, die von der Frau (Gesangspädagogin an der Musikhochschule) furchtbar verkrampft gewesen sind, hat er Positives geleistet an Auflockerung."

„Man muss unbedingt zuerst nach meiner jetzt doch auch langen Erfahrung mit Singen - erstmal Stimme und Atemmuskulatur aneinander anschließen und den Menschen wach dafür machen, dass es eben diese reflektorische Mitarbeit gibt."

„Sie müssen eigentlich immer Trommel spielen mit sich selbst. Ich habe immer das Gefühl, diese tönende Luftsäule unterhalb meiner Stimme, die prallt ja innen auf, nicht? Und da antworte ich dann von innen wieder mit einer Gegenbewegung."

„Ich würde machen: `Bepackt mit Rucksack, geneckt im Zickzack´, im kleinen Sprach- Hey, nicht? `Kummerkrank kauernd´, die k- Übung — alles das, was hupft. `Bald bebt im Purpur die blonde Braut´. Ich kann ja den ganzen Hey auswendig, das mussten wir. Das nützt, weil einem dann die Zeilen auch zur Verfügung stehen in der Stunde, wenn Sie mit jemandem leider Gottes mal so eine Zeile einfach singen müssen. Das gibt's ja auch."

„`Sieh, es senkt sich sacht die Sonne´. Das ist zum Beispiel ein Satz: Bis zum Verrückt werden hab ich das geübt."

(Sprechübung:) „Brumm, brumm - Dass ich nicht vergesse! Ich hab's extra hingelegt, um es Ihnen zu zeigen: Das müssen Sie kaufen! Die (Name) ist in Graz Lehrerin für Sprechen. Ich habe sie kennen gelernt, sie ist sehr gut. Was die nämlich macht, was die zusammengestellt hat, ist genau das, was wir brauchen. Nämlich zum Beispiel hier Vergleiche: Lache – Rache,

Lore - Rohre. Und so weiter. Wenn Sie das mit den Leuten durchsprechen, singen – ganz prima. Schreiben Sie's nachher auf, nur, dass Sie es nicht vergessen. Nur weil ich gerade an Brumm denke: Das braucht man dringend zum Unterrichten. Man hat gar nicht so viele Worte dann schnell parat."

„Jetzt, die schimpfen sich alle Schlaffhorst-Andersen - Lehrer, das ist ganz was anderes geworden, ich sag immer, die rotiert im Grabe."

„Erkennen kann man's schon lange, aber man muss es begreifen. Man muss es wissen, wie es geht, wie man's macht."

„Das ist aber sehr gut jetzt, natürlich! Jetzt war's schön!"

„Schwer! Muss man leider doch üben. Man hält hier den Kiefer fest, ach Gott, und das gehört alles dazu."

(Christa Schwertsik hat zur Stunde ein Lied von Kurt Schwertsik mitgebracht)

(Textstelle: `Ich kam Euch immer schon als Feind´)

„Das ist natürlich, entschuldige, nicht ganz gut von der Komposition, dass das Wort `schon´ so hoch ist. Finde ich nicht gut. Dadida (singt). Das hätt' ich gemacht. Das ist nicht gut! Ich hab ja auch Komposition studiert, und mein Lehrer hat mich gelehrt, dass ich aus dem Sinn des Satzes die Melodie zu bilden habe. (Sie improvisiert singend und am Klavier verschiedene Lösungen). Das würde besser gehen. Oder irgend so was."

„Ja, aber das soll er doch hoch schreiben. Schönen Gruß, schönen Gruß, der Feind wäre nicht so bürgerlich, dass da f-moll stehen muss. Da muss man jetzt so machen. (Dissonanz). Natürlich! (Singend): Das geht. (Weiter singend): Das ist besser. Aber das ist ja viel zu bürgerlich. [...] (einlenkend) `Vom Stiefel trat´ - er will vielleicht sagen, na, der Stiefel ist eh unten, da mach ich dann nur ein bisschen so, und dann ist es weg. Aber nein. Das ist natürlich schwer, weil Jandl ist ja überhaupt ein sehr problematischer Mensch. Mein Mann hat ja mit den ganzen österreichischen Dichtern Bücher geschrieben. (probiert weiter) Das ist

also auch schlecht, nicht? Finde ich auch nicht: `Das eisenharte Brot´ – so billig. Das ist so harmonisch. Das ist nicht hart! Das stimmt ja nicht! Das ist kein eisenhartes Brot. Absolut nicht. Nicht? Auch wenn er hier Dissonanzen dazu schreibt. [...]"

„Entschuldige: (sie singt): lalala. Da haben Sie Zeit genug, stumm einzuatmen. Das klingt so hysterisch, und ich würde, wenn jemand mir diesen Text sagt, und er macht hhhh (Schnappatmung), dann würde ich sagen: `Das ist ja nicht echt. Hau ab!´ Das muss ja stimmen!"

„Plump, Plump - So ein wunderbares Wort! - Ich spanne, wenn ich das erste `Plump´ gesungen habe, spanne ich innen schon den nächsten Ton ein, und dann singe ich erst. Das geht blitzschnell. Man muss immer vorbereiten."

„Gleich diese Nebenhöhlen beanspruchen. Das innere Ohr muss bewusst auch da helfen, dass Sie da von oben einsetzen. Man muss beim Singen doppelt arbeiten: Zweigeteilt. Einerseits müssen Sie spüren in der inneren Muskulatur, was die tut, und andererseits müssen Sie die Klangbalance Kopf - Brustresonanz vom inneren Ohr immer bewusst führen und Sie müssen beanspruchen, dass in Ihrem Kopf alle Höhlen mitschwingen, dass die ganzen Knochen am Brummen sind, am Vibrieren sind. Wenn Sie das nämlich nicht verlangen, dann geschieht es nicht. Dann siegt sozusagen die herausdrängende Luft von außen nach innen, und es ist dann nur der Trieb von unten nach oben da. Man braucht auch die Klangbalance als Gegengewicht, dass die Kehle unten bleibt. Man soll nicht glauben, dass das nur mit der inneren Muskulatur allein geht. Denn den Fehler haben sie ja in Hustedt gemacht:

In der Schule Schlaffhorst Andersen haben einige Leute – auch Töpfer – immer zu tief gesungen. Und ich habe damals schon gedacht: Da stimmt ja was nicht. Schlaffhorst selbst nicht! Die war ja aber auch vorher selbst so als Sängerin ausgebildet, dass sie das einfach von da aus noch hatte. Und die war so genial, dass sie das immer richtig ausbalanciert hat. Aber Ilse Töpfer hat immer zu tief gesungen. Das war immer so um eine Schwebung dann zu tief dann bei Sprüngen. Hatte eine unglaubliche Aussagekraft innerlich, aber schön war das ja nun nicht. Weil das ja nun immer kam. Und sie ließ sich ja nichts sagen, und ich habe damals mir vorgenommen, das zu studieren und herauszukriegen, woran das liegt.

War dann in Berlin sehr viel in der Staatsoper, hab mir große Sänger und Sängerinnen angehört und dann hab ich das einfach von denen übernommen, wie die das machen. Und selber herumprobiert."

Christa Schwertsik: „Mit der Klangvorstellung?"

„Ja, mit dem Vorweghören. Man darf nicht nur spüren, sondern man muss auch vorweg hören. Sie müssen, wenn ich jetzt eine Sexte hinauf singen will, den Ton nicht von außen anschlagen, sondern ihn schon hören. Das ist hier an der Universitätsklinik ja bewiesen worden, dass diese Vorstellung die Muskeln schon innerviert es zu erzeugen. Das ist also medizinisch inzwischen bewiesen. - Nicht! Ich habe diese These ja aufgestellt, und das haben die dann auch probiert. Wir hatten ja – der ist leider nicht mehr hier, der ist jetzt in der Schweiz – wir hatten einen Anatomieprofessor, der sich sehr für unsere Arbeit interessierte. Mit dem hab ich auch lange Gespräche geführt. Auf jeden Fall ist das medizinisch bewiesen, dass das stimmt.

Und Erdmann wusste das auch, denn er hat oft gesagt, im Krieg, wie ich dann so unglücklich war, weil ich so viel im Zug saß und die Verbindungen waren so schlecht, und abends musste man spielen, da sagte er: `Lesen Sie! Hören Sie!´ Und da habe ich so geübt, dass ich hinter meinem Mantel meine Stücke so gespielt hab, so! Da hab ich oft viel besser gespielt, als wenn ich vielleicht stur zwei Stunden geübt hätte. Denn ich hab ja immer im Kopf sehr klar und scharf hören müssen, damit ich alles klar habe. Und so ist es mit dem Singen auch, nicht? Ich hab inzwischen auch wieder gelesen, ich lese ja immer und ewig, so viel ich kann, und das ist so, dass ja hier der Kehlkopf eine ganz bestimmte Einstellung haben muss, damit alles besonders gut funktioniert. Deswegen muss man den Kopf auch sehr gerade halten beim Üben, damit Sie das Ansatzrohr nicht abknicken. Und das alles stellt sich schon durch die Vorstellung – jetzt höre ich innerlich, in meinem inneren Ohr diesen Sprung (Sexte). Jetzt stellt sich's schon ein, dass ich's tue."

„Schlaffhorst hat immer gepredigt: `Keine Macht der Welt kann Ihnen die Stimmbänder zu der Tonhöhe einspannen, nur das innere Ohr´. Und da hat sie Recht. `Keine Macht der Welt kann Ihnen den Kehlkopf tief stellen als nur das Zwerchfell´. Das waren ihre beiden Thesen. Vollkommen richtig. Ich bin ja so glücklich, dass wir alles bewiesen haben, was sie behauptet hat."

„Je mehr uns das gelingt, hier diese Höhlen, die gar nicht gewöhnt sind, immerzu zu schwingen, dass die das lernen. Sie müssen auch beim Sprechen immer wieder darauf hören, dass Sie mit genug Höhe sprechen, und nicht den Fehler machen, den ich auch gemacht habe: Ich kam so von unten, sehr aus dem Elementaren heraus, und immer so durch, nicht, so. Das ist ganz schlecht. Da muss immer der Helm drauf sein, der klappt von oben auf. Und dazwischen ist die Stimme.

„Sie müssen, auch wenn Sie unterrichten und sprechen, sich selbst anhören. Es muss immer noch ein General auf dem Feld stehen, der beobachtet. Und der dann sagt: `Jetzt ist es nicht richtig. Jetzt kommst Du wieder zu viel von unten´. Das ist zum Beispiel schlecht. Es muss immer noch ein Silberglanz mitklingen. Für Sie selbst, weil sonst nicht genug Obertöne drin sind. Ich muss auch jedes Wort in meinem Schädel spüren. Auch wenn ich nur spreche, muss ich das hier fühlen, sonst ist es falsch. Sonst machen diese Höhlen alle nicht mit. Und das ist meiner Meinung nach für das Lebendig- bleiben des Gehirns auch sehr wichtig. Weil Sie dadurch einen besser durchbluteten Kopf bekommen. Die Schwingung löst natürlich. Kann nicht versteifen und verkalken, das ist nicht möglich. Also machen wir' s noch mal…"

„Heute Morgen hab ich was Verrücktes gemacht, das ist auch wieder ganz neu; auf die Idee bin ich halt vorher nicht gekommen [...]."

„Ja, Sie können das! Selbstverständlich, natürlich können Sie das!"

„Sss sss sss - Ja. Die vorbildlichen dicken Fliegen. Gestern Abend hab ich wieder eine hier gehabt. Hat mich so geärgert, und es war so schwer, sie rauszukriegen, weil die Fliegen ja so dumm sind. Aber ich dachte: `Gut, dass Du doch mal wieder da bist, liebe Fliege, weil ich mal wieder höre, was ein Brummen ist´. Die machen das. Die haben ja so was sssssssss. Und das müssen wir in solchen Tönen übernehmen."

„Das ist auch furchtbar wichtig. Man muss sich das denken, dass in dem Moment, in dem Sie in der Nähe vom a sind, fängt die Kopfresonanz an, die Oberhand zu gewinnen. Ja. Sie müssen sie einsetzen. Da ist es eben

wichtig, dass man doch, alle singenden Leute sagen, Tonbewusstsein erzieht. Dass man das wirklich tut. Wenn man den Fehler macht, dass man mit der stärkeren Beteiligung der Brustresonanz weiter singt, das ist ja falsch. Hier muss ich schon – also man muss keinen Registerwechsel machen, aber man muss auf dieser Wand, auf dieser Scheibe, wo alle Mitschwingungen, also Unter- und Oberschwingungen drauf sind, das verändert sich jetzt etwas. Die Oberschwingungen werden mehr. Aber es ist nie so, dass man nur mit Kopfstimme oder nur mit Bruststimme singen soll, sondern es muss sich immer mischen können und muss gemischt sein. Auch wenn ich sehr hoch singe, muss die Unterschwingung mit dabei sein, denn sonst ist die Klangbalance eben nicht gut."

„Sehr schön! Alle diese Dinge muss man üben."

7.3. International bekannte Schüler von Hilde Langer–Rühl

Bei der Suche im Internet mit Google nach „Hilde Langer–Rühl" (in allen Variationen) erhält man Hinweise auf etliche ihrer ehemaligen Schüler, die international bekannt sind und derzeit eine der besonders begehrten Stellen an Universitäten, Hochschulen oder Konservatorien innehaben. Im Nachfolgenden werden einige von ihnen alphabetisch geordnet aufgelistet:

- Capek Wolfgang, ao. Univ. Professor für Orgel an der Musikuniversität Wien
- Djupsjöbacka Gustav, Liedbegleitung, Rektor der Sibelius Academy in Helsinki
- Doss Gerhard, Präsident der ÖVAAP (Österreichische Vereinigung für Atemrhythmisch Angepasste Phonation)
- Gage Irwin, Professor für Liedbegleitung in der Musikhochschule Zürich bzw. Saarbrücken
- Gailit Michael, Leiter einer Orgelklasse am Konservatorium Wien; Klavierlehrer an der Musikuniversität Wien
- Jess-Kropfitsch Elisabeth,Univ. Professor für Violine an der Musikuniversität Wien
- Jess-Kropfitsch Johannes, Leiter einer Klasse künstlerischer Ausbildung Klavier am Konservatorium Wien
- Kühr Gerd, ordentlicher Professor für Komposition und Musiktheorie an der Musikuniversität Graz
- Prinz Johannes, Professor für Chorleitung an der Musikuniversität Graz
- Riebl Bernhard, Dr. med., Leiter des Lehrganges für Atem-, Stimm- und Bewegungserziehung an der Musikuniversität Wien sowie der Leiter der Ambulanz für Musikerspezifische Erkrankungen an der Krankenanstalt Rudolfstiftung in Wien
- Schmögner Thomas, Professor für Orgel am Konservatorium der Stadt Wien

- Wolf Robert, Professor für Querflöte an der Musikuniversität Wien[386].

Diese Auflistung ist in keiner Weise vollständig, könnte aber gerne als Anregung zu weiteren Nachforschungen dienen. Sie zeigt jedenfalls die Verbindung dieser Menschen zu Hilde Langer–Rühl und die Wertschätzung, die sie ihrer Person oder der gemeinsamen Arbeit entgegenbringen.

---

386 Vgl.: google- Suchmaschine, Stichwort Hilde Langer–Rühl, am 03.08.2007 sowie am 12.07.2009.

8. Zusammenfassung

Hilde Langer–Rühl lebte von 17. Juni 1911 (Overjissel, Niederlande) bis 3. Oktober 1990 (Wien, Österreich). Sie studierte in Deutschland Komposition bei Otto Volkmann sowie Klavier bei Wilhelm Kempff, Eduard Erdmann und Edwin Fischer und bildete sich im Bereich Atemschulung bei Clara Schlaffhorst und Hedwig Andersen fort. 1955 wurde sie nach Wien an die Musikakademie gerufen, wo sie 1974 den noch heute bestehenden „Lehrgang für Atem-, Stimm- und Bewegungserziehung für Instrumentalisten“ ins Leben rief. Sie beendete 1987 die Lehrtätigkeit an der Hochschule, unterrichtete privat aber noch bis zu ihrem Tod.

Inhalt von Hilde Langer–Rühls Forschung und Lehre waren die Zusammenhänge von Atem, Stimme, Bewegung und dem Musizieren. Durch Atem- und Bewegungsschulung versuchte sie, den psycho-physischen Gesamtzustand ihrer Studenten zu verbessern, ihren Tonus zu harmonisieren und so den Ausgangspunkt der musikalischen Impulse aus der Peripherie – den Händen, den Lippen – in die kraftvolle Körpermitte zu verlegen. Ihre Mittel dazu waren kräftigende und zentrierende Körperübungen; Atemschulung, um die reflektorische Atemergänzung als Kontrast zum mühsamen aktiven Luft-Einsaugen sowie die Mitarbeit des Zwerchfells bei der musikalischen Gestaltung anzuregen; Stimmübungen, welche auf genaue Artikulation und Intonation abzielen und das Zwerchfell aktivieren sowie eine intelligente Analyse des jeweiligen Werkes im Urtext. Wenn all diese Parameter zum Tragen kommen, wenn es „durchgeht bis zum großen Zeh“, wird gänzlich beglückendes Musizieren möglich.

Hilde Langer–Rühls Ansatz ist durch eine Haltung gekennzeichnet, in der der Musizierende als Wesen mit Stärken und Schwächen angesehen wird, deren Verbesserung in seinen eigenen Händen liegt. Über die Wirkung eines guten Unterrichtskonzeptes hinaus basierte der große Erfolg ihrer Arbeit auf ihrer strengen, aber stets positiv unterstützenden Persönlichkeit, die sich intensiv für ihre Schützlinge und Studenten einsetzte. Ihre oft doktrinäre Haltung schreckte manche Studenten ab; die meisten aber konnten die Begegnung mit ihr als hilfreiche Lehrzeit für sich nützen.

9. Literaturverzeichnis

Die im Folgenden aufgelisteten primären und sekundären Quellen von und über Hilde Langer–Rühl, die für diese Arbeit verwendet wurden, sind hier in eine sinnvoll erscheinende Ordnung gebracht. Sie sind chronologisch geordnet und unterschieden in

- Zeitschriftenartikel,
- Vorträge im Typoskript,
- Filme,
- Unterlagen über die Filme,
- Hochschulunterlagen, die sich in Berichte über ihre Forschungstätigkeit, Konzertprogramme sowie Zeugnisse über Hilde Langer–Rühl selbst gliedern lassen,
- private Briefe sowie
- Texte von Zeitgenossen über Hilde Langer–Rühl.

Es folgen schließlich die Sekundärquellen.

9.1. Zeitschriftenartikel

- Hilde Langer–Rühl: **Zwerchfelldynamik und Wirbelsäule** beim Atmen, Singen und Musizieren. oOoJ, Seite 49 bis 60
- Hilde Langer–Rühl: **Musik und Atem**. In: Atem. Die Zeitschrift für Atempflege – Massage - Entspannung Moderne Gymnastik. 5. Jahrgang, Heft 2/1963, Seite1ff
- Hilde Langer–Rühl: **Neurasthenie, Atmung und Stimme**. In: Atem. Die Zeitschrift für Atempflege – Massage - Entspannung Moderne Gymnastik. 7. Jahrgang, Heft 4/1965, Seite 20ff
- Hilde Langer–Rühl: **Atmung und Stimme im Dienste der Psychologie, Stimmheilkunde und Musikerziehung**. Nach einem Vortrag, gehalten beim

internationalen Kongress der Universitäts- Professoren und Lektoren JAUPL in Wien, „Lehr- und Forschungsmethoden“ (6. bis 12. September 1965). In: Foliae Phoniatricae 18/1966, Seite 218ff

- Hilde Langer–Rühl: **Atem- und Bewegungshilfe für Alternde**. In: Atem. Zeitschrift für Atempflege – Massage - Entspannung Moderne Gymnastik. 8. Jahrgang, Heft 2/1966, Seite 13ff

- Hilde Langer–Rühl: **Lebenshilfe für alle über 50**. In: Atem. Die Zeitschrift für Atempflege – Massage - Entspannung Moderne Gymnastik. 9. Jahrgang, Heft 4/1967, Seite 12ff

- Hilde Langer–Rühl: **Zum Andenken an Eduard Erdmann.** Beitrag in: Manfred Schlösser, Christof Bitter (Hrsg.): Begegnungen mit Eduard Erdmann. Agora Darmstadt, 1972^4 (1968)

- Hilde Langer–Rühl: **Atem und Stimme als Helfer zur Persönlichkeitsentfaltung und Gesundheit**. In: Atem. Die Zeitschrift für Atempflege – Massage - Entspannung Moderne Gymnastik. 11. Jahrgang, Heft 2/1969, Seite 18ff

- Hilde Langer–Rühl: **Wirbelsäule, Gelenke und Atmung**. In: Atem. Die Zeitschrift für Atempflege – Massage - Entspannung Moderne Gymnastik. 12. Jahrgang, Heft 1/1970, Seite 1ff

- Hilde Langer–Rühl: **Atemarbeit in der Musikerziehung**. In: Atem. Die Zeitschrift für Atempflege – Massage - Entspannung Moderne Gymnastik. 14. Jahrgang, Heft 2/1972, Seite 25ff

- Hilde Langer–Rühl: **Konzentration und Gleichgewicht der Kräfte bei der künstlerischen Leistung des Musikers**. In: Musik-Erziehung. Jahrgang 29, Heft 2/1975, Seite 67ff

- Hilde Langer–Rühl: **Leichter leben und besser arbeiten.** In: Atem und Mensch. Heft 3/1976, Seite 18ff

9.2. Vorträge

- Hilde Langer–Rühl: **Bessere Haltung durch Atemhilfe**. Typoskript, oOoJ

- Hilde Langer–Rühl: **Atem und Stimme als Helfer zur Persönlichkeitsentfaltung** und Gesundheit. Typoskript. oOoJ

- Hilde Langer–Rühl: **Kann man atmen lernen?** Beschreibung von Lebenslauf und Lehrgang. Typoskript. Wien, oJ
- Hilde Langer–Rühl: **Zwerchfelldynamik und Wirbelsäule beim Atmen, Singen und Musizieren**. Vortrag im Typoskript. oOoJ
- Hilde Langer–Rühl: **Zwerchfell und Wirbelsäule beim Atmen, Singen und Musizieren**. Vortrag für den AFA- Kongress Freudenstadt. oO, 28.8.1979
- Hilde Langer–Rühl: **Atem- und Bewegungserziehung als Ergänzung zur Gesangsausbildung**. Vortrag mit Röntgen-Dias, 2. Symposium Österreichischer. Hochschulen in Bad Ischl, OÖ, vom 7. bis 12.5.1979, oOoJ
- Hilde Langer–Rühl: **Zusammenstellung für München 1983**: Atemerziehung für Musiker als Lebenshilfe. Typoskript für München, oO, 23.4.1983
- Hilde Langer–Rühl: **Vortrag für den 23.4.1983 in München**. Gesangslehrertagung vom 22. bis 24.4.1983. Zu 34 Dias nach Einleitungsvortrag, als Überleitung zu Röntgenfilm 2. Typoskript. oOoJ

Weitere Vorträge siehe: Filme

9.3. Filme

- Hilde Langer–Rühl, Franz Muhar, Horst Coblenzer: **Zwerchfelldynamik beim Atmen, Singen und Musizieren**. Hersteller: BHWK (Wien) 1970. Veröffentlichung: BHWK (Wien) Vertrieb: IWF (Göttingen)
- Hilde Langer–Rühl, Franz Muhar: **Atemführung und Körperhaltung beim Musizieren**. Hersteller: Hochschule für Musik u. darstellende Kunst (Wien) 1980. Veröffentlichung: BHWK (Wien) Vertrieb: IWF (Göttingen.)

9.4. Texte zu den Filmen 1 und 2

- Hilde Langer–Rühl: **Drehbuch: Die Zwerchfellbewegung** beim Atmen, Singen und Musizieren. Typoskript. oOoJ
- Hilde Langer–Rühl: **Zwerchfelldynamik beim Atmen, Singen und Musizieren**. Begleitveröffentlichung zu dem wissenschaftlichen Film DTF 1424. Wien 1971

- Hilde Langer–Rühl: **Vortrag am 26.11.1971 anlässlich österreichischer Erstaufführung des Filmes**: Zwerchfelldynamik beim Atmen, Singen und Musizieren. oOoJ
- Hilde Langer–Rühl: **2. Film, erster Entwurf des Drehbuches**: Atemdynamik und Wirbelsäule beim Singen und Musizieren. Typoskript, oO, 5.11.1978
- Hilde Langer–Rühl: **Drehbuch Zwerchfell 2.** Typoskript oOoJ
- Hilde Langer–Rühl: **Einführungsvortrag zum 2. Film „Atemführung und Körperhaltung beim Musizieren".** Symposium für Hochschullehrer vom 23. bis 27. März 1981 in Bad Ischl. Typoskript. Wien, 8.3.1981
- Hilde Langer–Rühl: **Zwerchfelldynamik, Atemführung und Körperhaltung beim Musizieren**. Vortrag in Wien. 1982
- Hilde Langer–Rühl: **Zwerchfelldynamik, Atemführung und Körperhaltung beim Musizieren**. Vortrag zu den Filmen 1 und 2. 28. Feber 1982
- Hilde Langer–Rühl: **Zwerchfelldynamik, Atemführung und Körperhaltung beim Musizieren**. Vortrag zu den Filmen 1 und 2. Typoskript vom 7. März 1982

9.5. Hochschulunterlagen

9.5.1. Berichte über ihre Forschungstätigkeit

- Hilde Langer–Rühl: **Bericht über Forschungstätigkeit**. Typoskript. Wien, 30.11.1980
- Hilde Langer–Rühl: **Forschungsbericht Musikhochschule Wien**, Institut für Atem- und Stimmerziehung, Bereich Instrumentalisten. Typoskript. Wien, 4.3.1981
- Hilde Langer–Rühl: **Forschungsbericht und Ziele weiterer Forschung** des Bereiches für Instrumentalisten des Institutes für Atem- und Stimmerziehung der Musikhochschule Wien. Typoskript. Wien, 12.6.1986

9.5.2. Programme von Vorspielstunden an der Akademie

- Hilde Langer–Rühl: **Programm: Musizierstunde** Akademie für Musik und Darstellende Kunst in Wien. 8.6.1963
- Hilde Langer–Rühl: **Programm: Musizierstunde** Akademie für Musik und Darstellende Kunst in Wien. 24.6.1963

9.5.3. Offizielle Schreiben

- Hilde Langer–Rühl: **Lehrgang für Atem-, Stimm und Bewegungserziehung für Instrumentalisten**. Zulassung, Lehrziel, Lehrplan. Hochschule für Musik und Darstellende Kunst, Zahl 2459/74. Wien, 16.7.1974
- Hilde Langer–Rühl: **Information über den Lehrgang für Atem-, Stimm und Bewegungserziehung für Instrumentalisten.** oOoJ
- Hilde Langer–Rühl: **Übungsgruppe aus dem Lehrgang** für Atem-, Stimm- und Bewegungserziehung an der Hochschule für Musik und Darstellende Kunst in Wien. Typoskript. 8.7.1979
- Hilde Langer–Rühl: **Zeugnis Gottfried Justh**. Wien, 30.6.1980
- Hilde Langer–Rühl: **Fragen und Antworten** von und für Dietmar Flosdorf. Manuskript vom 11.1.1988
- Hilde Langer–Rühl: **Gesuch. Bewerbung** als Lehrerin für Klavierspiel an Musikakademie Wien. Irdning, April 1953
- Hilde Langer–Rühl: **Richtlinien meiner Praxis des Klavierunterrichtes**. Beilage zu Gesuch Hilde Langer–Rühl: Bewerbung als Lehrerin für Klavierspiel an Musikakademie Wien. Irdning, Mitte April 1953
- Hilde Langer–Rühl: **Lebenslauf ao. Prof. Hilde Langer–Rühl**. Typoskript. Wien, 29.3.1981

9.6. Zeugnisse für Hilde Langer–Rühl

- Prüfungskommission des städt. Konservatorium Osnabrück: **Zeugnis** über Schulbesuch von 17. 06.1929 bis 17.03.1930. Reifeprüfung als Musiklehrerin: sehr gut mit Auszeichnung. Osnabrück, 17.03.1930
- Gertrude Schümann: Schule Schlaffhorst – Andersen: **Bescheinigung** über Schulbesuch von 1930 bis 1935 sowie als Begleiterin. Eldingen, 25.4.1966
- Heinrich Graf von Wesdehlen: **Bestätigung** über Reifeprüfung 1930, Klavierunterricht für Wesdehlens Sohn. Osnabrück, 7. Mai 1966
- Reichs-Rundfunk GMBH: **Bescheinigung** für Mitwirkung als Pianistin 9mal wöchentlich seit Kriegsbeginn. Berlin- Charlottenburg, 16.11.1944
- Wilhelm Kempff: **Zeugnis als Musikpädagogin, Pianistin.** Thurnau 82, Oberfranken am 27.7.49 Abschrift. Im Gericht Irdning am 8.5.1951
- Wilhelm Kempff: **Zeugnis als Musikpädagogin, Pianistin.** Thurnau 82, Oberfranken am 27.7.49 Abschrift. Im Gericht Irdning am 13. April 1953
- Wilhelm Kempff: **Teilnahmebestätigung** für Potsdam 1931, 32 und 35. Berlin, Ammerland ,8.1.1962
- Ilse Töpfer: **Lehrbescheinigung** für die Jahre 1931 bis 35 in Berlin. Abschrift. Berlin- Nikolassee, 15.4.1950
- Ilse Töpfer: **Bescheinigung 1932 – 1935 bei Schlaffhorst-Andersen**, dann 1935 – 42 in Zweigschule Berlin Nikolassee Lehrerin für Klavierunterricht. Berlin, 16.1.1962
- Hans Chemin- Petit: **Bescheinigung der Konzertmitwirkung** als Begleiterin und Solistin während seiner Chorleitertätigkeit in der Schule Schlaffhorst-Andersen. Berlin, 10.01.1962
- Eduard Erdmann: **Bestätigung** Sommer 36, 38, 39, 41 wöchentlicher Klavierunterricht, zusätzlich vier Wochen 1942 in Potsdam. Langballigau, 12. 9.1949: Abschrift Gericht Irdning, 13.4.1953
- Irene Erdmann: **Unterrichtsbestätigung** für Hilde Langer–Rühl. Langballigau, 4.1.1962
- Sepp Kopetzky: **Bestätigung über Unterricht** für Frau und vier Kinder von 1946 bis 1952. Irdning, 1966

- Leopold Schuster: **Bestätigung über Unterricht** für 3 Töchter von 1946 bis 1955, Hauskonzerte. Irdning, 3.Mai 1966
- Hermine Stoll: **Bestätigung über Unterricht** von 1946 bis 1955. Irdning, 3. Mai 1966
- Dorothea Ruthenbacher: **Bestätigung** in notariell beglaubigter Form über Unterricht in den Jahren 1937 bis 1943. Greifswald,19.2.1962

9.7. Briefe

- Norbert Langer: **Brief an Hilde Langer–Rühl**. Abschrift Mesothen, 17.6.1944
- Hilde Langer–Rühl: **Brief an Pastor Ernst Robert Busch** aus dem Pastorat Birsgallen. Bitte um Kirchenbuch von Birsgallen. 28.5.1981

9.8. Über Hilde Langer–Rühl

- Cornelius Langer: **„Frau Prof. Hilde Langer–Rühl 70 Jahre“.** Oberösterreichisches Tagblatt, 1981
- **Nachruf auf Hilde Langer–Rühl**. Seite 8 aus der Zeitschrift der Musikhochschule. Für den Inhalt verantwortlich: der Rektor. Redaktion: Referat für Öffentlichkeitsarbeit: Dr. Lisa Witasek
- Prof. Dr. Helmut Schwarz, Rektor der Musikhochschule Wien: **Partenzettel: Hilde Langer–Rühl**, Wien 1990
- Cornelius Langer: **„Prof. Langer–Rühl gestorben.“** Nachruf in der Zeitung: Alpenpost, Oktober 1990
- Graf Heinrich Wesdehlen: **Zeugnis**. Augsburg, 29.12.1961
- Erwin Strouhal: **Anfrage betr. Hilde Langer-Rühl.pdf.** e-mail vom 10.6.2005
- Manuela Widmer: **Gespräch mit Ulrike Jungmair**. am 7. Mai 2003 in: Orff Schulwerk Informationen, Heft 70. Salzburg 2003, Seite 25f
- Wikipedia (Hrsg.): **Hochschullehrer.** (Universität für Musik und darstellende Kunst Wien): Klaus Maria Brandauer, Joseph Marx, Michael Haneke, Fritz Klingenbeck, Ernst ..., Hilde Langer-Rühl, Paul Esterházy, Peter Planyavsky. Books LLC München, 2010
- Wikipedia (Hrsg.): **Musikalische Bildungseinrichtung.** Musikhochschule, Musikschule, Konservatorium, Städtische Musikschule Hamm, Girls Rock Camp, Dr. Hoch's Konservatorium, Kantonsschule Rämibühl, Accademia Musicale Chigiana, Rheinische Musikschule, Hilde Langer-Rühl, Neue Jazzschool München. Books LLC München, 2011

9.9. Sonstige Literatur zum Thema

- Romeo Alavi Kia und Renate Schulz-Schindler: **Sonne, Mond und Stimme**. Atemtypen in der Stimmentfaltung. Kamphausen Verlag Bielefeld, 4. Aufl. 2002

- Romeo Alavi Kia: **Stimme. Spiegel meines Selbst**. Ein Übungsbuch. Aurum Verlag Bielefeld, 2004

- Horst Coblenzer und Franz Muhar: **Atem und Stimme**. Anleitung zum guten Sprechen. Öbv und hpt VerlagsGmbH & Co KG, Wien 2003 (1976)

- Hugo Haide und Lina Gerlieb (Hrsg.): **Dank an Edwin Fischer**. F. A. Brockhaus Verlag, Wiesbaden 1963

- Karl Leimer und Walter Gieseking: **Modernes Klavierspiel**. Schott Verlag, Mainz 1931

- Karl Leimer und Walter Gieseking: **Rhythmik, Dynamik, Pedal.** Schott Verlag, Mainz 1938

- Heidi Noodt (Hrsg.): **Chronik der Schule Schlaffhorst-Andersen**. F. X. Stückle, Ettenheim 1994

- Klaus Obermayer (Hrsg.): **Musik und Körper**. Spielhaltungen und Spielbewegungen. Dokumentation über die D-A-CH-Tagung vom 28. April bis 1. Mai 1990 in Passau. Verband Deutscher Musikerzieher und konzertierender Künstler e.V., München 1990

- Lynne Robinson: **Pilates. Das große Übungsbuch**. Verlagsgruppe Weltbild, Augsburg 2004

- Wolfgang Rüdiger: **Der musikalische Atem**. Atemschulung und Ausdrucksgestaltung in der Musik. Musikedition Nepomuk, Aarau 1995

- Margarete Saatweber: **Atmung und Bewegung – Schule Schlaffhorst-Andersen**. Vortrag beim 4. Symposium „Ganzheitliche Körperarbeit - ein psychosomatischer Ansatz in der Physiotherapie“, Mai 2001 in München, veröffentlicht in: Krankengymnastik - Zeitschrift für Physiotherapeuten 1/2002, Richard Pflaum Verlag, München

- Clara Schlaffhorst und Hedwig Andersen: **Atmung und Stimme**: Möseler Verlag, Wolfenbüttel 1928

- Paul Lohmann: **Das Lied im Unterricht**. Verlag B. Schott's Söhne, Mainz 1942

- Edwin Fischer: **Musikalische Betrachtungen**. Insel Verlag, Oberursel, Taunus, 1949

- Ewald Kropfitsch: **JESS zur Musik**. Verlag Niederösterreichisches Pressehaus, St.Pölten 1995

- Robert Wolf: **Atempädagogik im Instrumentalunterricht**. In: Musik und Körper. Spielhaltungen und Spielbewegungen. Verband Deutscher Musikerzieher und konzertierender Künstler e.V. München 1990

- Wilhelm Kempff: **Freunde und Schüler**. In: Dank an Edwin Fischer, F.A. Brockhaus Verlag, Wiesbaden 1963.

- **Mitteilungsblatt** der Universität für Musik und darstellende Kunst vom 23.6.2004.

9.10. Downloads

- Irwin Gage: **Die Lyrlk starb mit dem Zweiten Weltkrieg**. Zitiert von Carsten Dürer in: PIANOnews, Online im Internet. www: http://portraits.klassik.com/musikzeitschriften (03.01.2008)

- google-Suchmaschine, Stichwort **Hilde Langer–Rühl**. (03.08.2007), (12.07.2009), (25.10.2011)

- Waltraud Seyd: 29.01.2003. **Clara Schlaffhorst**. **Hedwig Andersen.** Online im Internet. www: http://www.schlaffhorst-andersen.net/html/biogr.htm (22.02.2008)

- **Methode Schlaffhorst – Andersen**: Online im Internet. www: http://de.wikipedia.org/wiki/Methode_nach_Schlaffhorst_und_Andersen. (22.05.2006)

- **Karl Heinrich Barth**: Online im Internet. www: http://de.wikipedia.org/wiki/Karl_Heinrich_Barth. (22.05.2007)

- **Wilhelm Kempff**: verantwortlich: Irene Bauer-Kempff. Online im Internet. www: www.wilhelm-kempff.de/biographie.htm. (02.08.2007)

- **JAUPL**: verantwortlich: Siegfried Piotrowski. Online im Internet. www: http://www.europa-dokumentaro.de/ed18.html. (27.11.2007)

- Christine Sommer: **Volkmann, Otto Hermann.** Online im Internet. www: http://www.uni-magdeburg.de/mbl/Biografien/0748.htm. (26.02.2007)

- **Bernhard Paumgartner**: Online im Internet. www: http://www.bernhard-paumgartner.de/ (21.10.2009)
- **Hilde Langer-Rühl**: Wikipedia: Online im Internet. www: http://de.wikipedia.org/wiki/Hilde_Langer-R%C3%BChl (20.09.2011)